Aline Kurt

Kinder lernen den Islam kennen

Arbeitsmaterialien und Unterrichtsvorschläge

Klasse 3/4

Verlag an der Ruhr

Titel
Kinder lernen den Islam kennen
Arbeitsmaterialien und Unterrichtsvorschläge – Klasse 3/4

Autorin
Aline Kurt

Titelbildmotiv
© Azat1976 | Fotolia.com, © Dawn Hudson | Fotolia.com (Kinderkette)

Druck
Druckerei Uwe Nolte, Iserlohn, DE

Verlag an der Ruhr
Mülheim an der Ruhr
www.verlagruhr.de

Geeignet für die Klassen 3–4

Unser Beitrag zum Umweltschutz
Wir sind seit 2008 ein ÖKOPROFIT®-Betrieb und setzen uns damit aktiv für den Umweltschutz ein. Das ÖKOPROFIT®-Projekt unterstützt Betriebe dabei, die Umwelt durch nachhaltiges Wirtschaften zu entlasten. Unsere Produkte sind grundsätzlich auf chlorfrei gebleichtes und nach Umweltschutzstandards zertifiziertes Papier gedruckt.

ISBN 978-3-8346-4007-9

Glaube

Bräuche und Gebote

Glaubensgeschichten

Liebe Leser*,

im Zuge unseres Bevölkerungswachstums durch Menschen anderer ethnischer Herkunft kommen unsere Kinder immer häufiger auch mit anderen Religionen in Kontakt. Vor allem der Islam löst bei vielen Deutschen Berührungsängste aus. Die Köpfe vieler Erwachsener bersten vor Vorurteilen und Anschuldigungen. Leider überträgt sich diese Haltung recht schnell auf unsere Kinder, was wiederum zur Folge hat, dass muslimische Kinder ausgegrenzt, denunziert und vorverurteilt werden.

Meiner Meinung nach haben muslimische Flüchtlingskinder schon genügend Traumata zu bewältigen, sodass es Zeit für eine Aufklärung der deutschen Kinder wird. Wenn die Kinder wissen, was sich hinter dieser fremden Religion verbirgt, fällt es ihnen letztendlich leichter, den christlichen Kerngedanken der Nächstenliebe auch tatsächlich zu praktizieren und allen Mitschülern mit Freundlichkeit, Liebe und Respekt zu begegnen.

Um Ihnen und Ihrer Klasse den Weg dorthin zu ebnen, haben wir die folgenden Materialien konzipiert. Sie finden hier, wie gewohnt, fertige Stundenbilder zu unterschiedlichen Bereichen.

Um Ihnen einen schnellen Überblick zu ermöglichen, wurde das Buch in drei Kapitel aufgeteilt:

- Glaube
- Bräuche und Gebote
- Glaubensgeschichten

Zu jeder einzelnen Stunde finden Sie eine Übersichtsseite, die Sie über die einzelnen Phasen, die Durchführung sowie die benötigten Materialien informiert. Daran schließen die benötigten Kopiervorlagen, Arbeitsblätter, Lesetexte, Bastelvorschläge etc. an.

Da Ihre Zeit bekannterweise knapp bemessen ist und Sie eine Vielzahl unterschiedlicher Lehrplaninhalte durchnehmen müssen, sind die Stundenbilder in jedem Kapitel in sich geschlossen. Auf diese Weise können Sie frei auswählen, welche Inhalte für Sie und Ihre Schüler von Bedeutung sind.

Ich wünsche Ihnen und Ihren Schülern ganz viel Freude, neue Erkenntnisse und hilfreiche Impulse bei der Arbeit mit meinen Materialien.

In herzlicher Verbundenheit

Ihre Aline Kurt

* Aus Gründen der besseren Lesbarkeit haben wir in diesem Buch durchgehend die männliche Form verwendet. Natürlich sind damit auch immer Frauen und Mädchen gemeint, also Lehrerinnen, Schülerinnen etc.

Glaube

1 Das muslimische Gottesbild

Verlauf	Sozialform	Material
Einstieg → Legen Sie die vorbereitete Folie auf. Überlegen Sie gemeinsam mit den Kindern, was ihnen alles zum Thema „Gott" einfällt. Tragen Sie die Ideen der Kinder völlig wertungsfrei ein. Sagen Ihnen die Kinder beispielsweise, dass Gott die Welt erschaffen hat, so schreiben Sie den Begriff „Erschaffen" neben den Buchstaben E. → Bei dieser Methode ist es nicht wichtig, zu jedem Buchstaben einen Begriff zu nennen. Gleichsam sind auch Mehrfachnennungen möglich.	Plenum	▸ Vorlage „Glaubens-Abc" (S. 7) auf Folie ▸ Folienstift ▸ Overheadprojektor
Arbeitsphase → Teilen Sie den Kindern das Arbeitsblatt „Muslime glauben an Allah" aus. Die Kinder lesen zunächst den kurzen Informationstext und suchen anschließend 13 Namen und Eigenschaften Allahs im Wortsuchrätsel. → Sobald alle Kinder fertig sind, vergleichen sie die Ergebnisse gemeinsam im Plenum. (Lösungswörter: Frieden, Erschaffer, dankbar, Versorger, großzügig, mächtig, Richter, gerecht, Schöpfer, verzeihend, liebevoll, Licht, geduldig). → Klären Sie dabei auch die Bedeutung der Begriffe. Was könnte damit gemeint sein?	Einzelarbeit	**Für jedes Kind:** ▸ Arbeitsblatt „Muslime glauben an Allah" (S. 8)
Erweiterung → Schnelle Schüler schwirren als Helfer aus und unterstützen ihre Mitschüler bei der Wortsuche.	Partnerarbeit	
Abschluss → Legen Sie erneut die Folie aus der Einstiegsphase aus. Bitten Sie die Kinder, die Begriffe noch einmal vorzulesen. Nutzen Sie anschließend die folgenden Fragen für ein Abschlussgespräch: • **Welche Gemeinsamkeiten gibt es zwischen unserem Bild** • **von Gott und dem, wie sich Muslime Allah vorstellen?** • **Gibt es auch Unterschiede?** • **Wie denkt ihr über die Eigenschaften von Allah?**	Plenum	▸ Vorlage „Glaubens-Abc" (S. 7) auf Folie ▸ Overheadprojektor

Glaubens-Abc

A ....

B ....

C ....

D ....

E ....

F ....

G ....

H ....

I ....

J ....

K ....

L ....

M ....

N ....

O ....

P ....

Q ....

R ....

S ....

T ....

U ....

V ....

W ....

X ....

Y ....

Z ....

Muslime glauben an Allah

Muslime glauben an Allah. So nennen sie Gott.
Die Muslime glauben, dass Allah das Universum und die Erde erschaffen hat.
Er ist es auch, der die Menschen und Tiere auf der Erde gemacht hat.
Anders als Christen haben Muslime ganz viele Namen für Gott. Sie nennen ihn nicht nur „Allah“. Die Muslime habe 99 verschiedene Namen für Allah.
Jeder Name hat eine Bedeutung und beschreibt eine Eigenschaft Allahs.
Da Allah alles erschaffen hat, nennen sie ihn auch „Al-Bary“. Das heißt übersetzt „der Erschaffer“. Muslime wollen damit ausdrücken, dass Allah alles ohne Makel und in einer bestimmten Harmonie erschaffen hat.
Ein anderer Name ist „Al Qudduus“.
Das bedeutet, dass Allah keine Fehler hat und rein ist.
Mit dem Namen „As-Salaam“ machen Muslime darauf aufmerksam, dass Allah Frieden verleiht. Sie denken, dass Menschen nur dann Frieden finden können, wenn sie sich an Allahs Gesetze halten.
Ein anderer Name für Allah ist „Ar-Rassaq“.
Das bedeutet übersetzt „der Versorger“.
Damit machen Muslime deutlich, dass Allah für die Menschen sorgt.
Er gibt ihnen alles, was sie brauchen.
Er versorgt alle Menschen, egal ob sie an ihn glauben oder nicht.

Wie denken Muslime über Allah?
Finde passende Ausdrücke im Wortsuchrätsel.
Hier haben sich 13 Namen und Eigenschaften von Allah versteckt.

Q	M	D	G	E	D	U	L	D	I	G	L
V	H	R	I	C	H	T	E	R	Ä	V	T
L	I	C	H	T	F	R	I	E	D	E	N
D	A	N	K	B	A	R	V	S	S	K	K
G	R	O	S	S	Z	Ü	G	I	G	K	E
G	E	R	E	C	H	T	C	A	H	I	J
E	S	E	R	S	C	H	A	F	F	E	R
Q	V	E	R	Z	E	I	H	E	N	D	B
L	I	E	B	E	V	O	L	L	S	A	L
L	N	Ä	V	E	R	S	O	R	G	E	R
U	D	S	C	H	Ö	P	F	E	R	N	D
M	Ä	C	H	T	I	G	W	Z	P	K	A

2 Muhammad wird zum Propheten

Verlauf	Sozialform	Material
Einstieg → Schreiben Sie das Wort „Prophet“ gut lesbar als Mindmap an die Tafel, indem Sie einen Kreis darum zeichnen und diesen mit Strahlen versehen. → Erzählen Sie den Kindern: **Heute wollen wir einen sehr wichtigen Propheten im Islam kennenlernen. Doch was ist denn eigentlich ein Prophet? Habt ihr eine Idee?** → Schreiben Sie nun alle Äußerungen der Schüler, die einen göttlichen Botschafter charakterisieren, als Sonnenstrahlen um den Begriff herum.	Plenum	▸ Tafel ▸ Kreide
Arbeitsphase → Überleitung: **Ich habe euch ja schon erzählt, dass wir uns heute mit einem sehr wichtigen Propheten im Islam beschäftigen möchten. Sein Name ist Muhammad. In Deutschland nennen wir ihn Mohammed. Lasst uns einmal gemeinsam herausfinden, wie er zum Propheten wurde.** → Verteilen Sie die Lesetextkopien. Lassen Sie den Inhalt auf freiwilliger Basis laut vorlesen. Wechseln Sie dabei nach jedem Abschnitt den Vorleser. → Klären Sie anschließend eventuelle Verständnisfragen vonseiten der Schüler.	Plenum	**Für jedes Kind:** ▸ Lesetext „Muhammad wird zum Propheten“ (S. 10)
Abschluss → Nachdem Sie den Inhalt gemeinsam erarbeitet haben, darf sich nun jedes Kind einen Partner aussuchen, mit dem gemeinsam das Arbeitsblatt bearbeitet wird. Alternativ kann auch hier eine Zusammenstellung gemäß der Sitzordnung erfolgen. Bei ungerader Schüleranzahl bilden Sie einfach zusätzlich eine 3er-Gruppe. → Da die Kontrolle bereits während der Arbeit durch den Partner erfolgt, entfällt an dieser Stelle eine Besprechung der Arbeitsergebnisse. Stattdessen können Sie den Kindern im Plenum Raum geben, sich zur Geschichte frei zu äußern. Folgende Impulse können Ihnen dabei behilflich sein: • **Wie denkt ihr über das, was ihr erfahren habt?** • **Kennt ihr Propheten aus der christlichen Religion?** • **Was wisst ihr über sie?**	Partnerarbeit	**Für jede 2er-Gruppe:** ▸ Arbeitsblatt „Muhammad wird zum Propheten“ (S. 11)
Erweiterung → „Schwächere“ Schüler können Sie in der Abschlussphase einer 3er-Gruppe zuweisen. Hier können dann zwei Kinder als Team fungieren.	Partner-/ Gruppenarbeit	

Muhammad wird zum Propheten (1/2)

Vor langer Zeit lebte in Mekka ein Mann namens Muhammad. Er war ein fleißiger Mann, der sehr viel Geld verdiente. Doch das genügte Muhammad nicht. Er fragte sich ständig, warum er auf der Erde war. Muhammad suchte einen Sinn für sein Leben. Deshalb ging er oft auf einen Berg. Dort konnte er ungestört nachdenken.

Eines Tages erschien ihm dort der Engel Dschibril. Diesen Engel nennen die Christen Gabriel. Der Engel erzählte Muhammad, das Allah ihn ausgesucht habe. Er sollte Allahs Prophet sein und den Menschen seine Botschaft verkünden.
So erzählte der Engel ihm alles, was Allah den Menschen sagen wollte. Muhammad musste sich all das merken, denn er konnte weder lesen noch schreiben.

Anschließend ging Muhammad zurück zu den Menschen. Er erzählte ihnen alles, was er von Dschibril erfahren hatte. Viele Menschen glaubten ihm. Sie wurden seine Anhänger und Muhammad ein sehr wichtiger Prophet.

Doch es gab auch Leute, die seine Erzählungen für eine Lüge hielten. Sie verspotteten ihn oder verfolgten ihn sogar. Das lag daran, dass damals viele Menschen an viele verschiedene Götter glaubten. Da jeder seinen Lieblingsgott hatte, standen auf dem Gebetsplatz viele verschiedene Götterstatuen und Bilder. Nun kam Muhammad und sagte ihnen, dass all das Quatsch sei und es nur einen Gott gäbe, der Allah hieße.
Der Zorn einiger Leute wurde für Muhammad ziemlich gefährlich.

Auf Allahs Befehl ging Muhammad schließlich in eine andere Stadt. Sie wird heute Medina genannt. Dort glaubten die Menschen ihm und machten ihn zu ihrem Anführer. Muhammad erhielt sogar einen Ehrentitel. Viele Menschen nannten ihn „Al Amin“. Das bedeutet „Der Vertrauenswürdige“.

Später ging Muhammad zurück in seine Heimatstadt Mekka. Auch hier wurde er zum Anführer ernannt. Er ließ auf dem Gebetsplatz alle Götterbilder entfernen.

Übrigens wurden Allahs Worte, die Muhammad von Dschibril erfahren hatte, später schriftlich festgehalten. Hieraus ist der Koran entstanden.

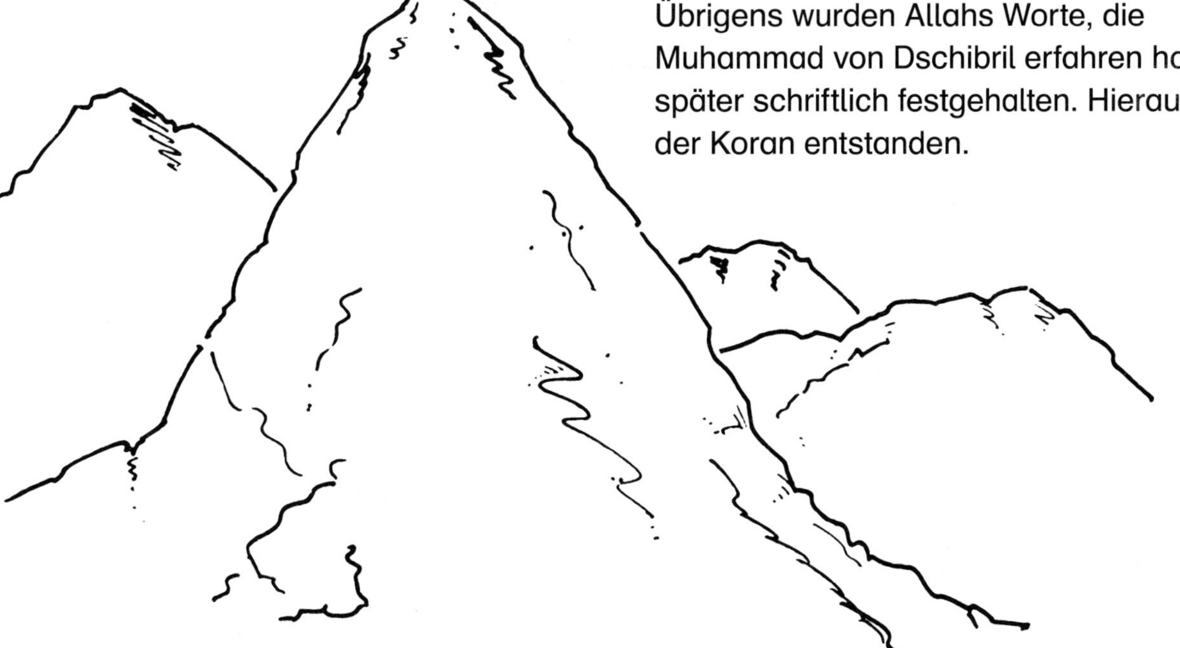

© Verlag an der Ruhr | Autorin: Aline Kurt | ISBN 978-3-8346-4007-9 | www.verlagruhr.de

Muhammad wird zum Propheten (2/2)

1. Beantworte mit deinem Partner die Fragen zum Text. Wenn du links sitzt, bist du Partner A. Trage hier deinen Namen ein. Sitzt du rechts, dann bist du Partner B und benutzt die rechte Spalte.

2. Partner A beginnt. Lies die erste Frage in deiner Spalte vor und nenne deinem Partner die Antwort. Ist dein Partner einverstanden, darfst du die Antwort aufschreiben. Dann ist Partner B an der Reihe.

Partner A Name:	Partner B Name:..
Was für ein Mann war Muhammad, bevor er Prophet wurde?	Warum ging Muhammad so oft auf einen Berg?
Wer erschien Muhammad auf dem Berg?	Was wollte der Engel von Muhammad?
Wie reagierten die Leute auf das, was Muhammad ihnen erzählte?	Warum waren einige Leute böse auf den Propheten?
Wie dachten die Menschen in Medina über Muhammad?	Was passierte, als Muhammad zurück nach Mekka ging?

3 Der Koran

Verlauf	Sozialform	Material
Einstieg → Setzen Sie sich gemeinsam mit den Kindern in einen Halbkreis. Zeigen Sie den Jungen und Mädchen die vergrößerte Bildvorlage. → Nachdem jeder diese zunächst eingehend betrachten durfte, eröffnen Sie das Gespräch anhand der folgenden Fragen: • **Was seht ihr auf dem Bild?** • **Was könnte das sein?** • **Schaut euch einmal die Überschrift an. Wisst ihr, wie Muslime ihre heilige Schrift nennen?** • **Was wisst ihr über den Koran?**	Plenum	▸ Bildvorlage „Die heilige Schrift der Muslime“ (S. 13) auf DIN A3 vergrößert
Arbeitsphase → Zurück am Platz erhalten die Kinder zunächst den Lesetext „Der Koran“. Lassen Sie den Inhalt auf freiwilliger Basis abwechselnd laut vorlesen und klären Sie zunächst gemeinsam evtl. Verständnisfragen. → Wenn alle offenen Fragen geklärt sind, verteilen Sie die Arbeitsblattkopien an die Schüler. Darauf befinden sich ein Kreuzworträtsel und eine Verständnisfrage.	Einzelarbeit	**Für jedes Kind:** ▸ Text und Arbeitsblatt „Der Koran“ (S. 14/15)
Erweiterung → Schnelle Schüler dürfen als Helfer fungieren und ihre Mitschüler bei der Beantwortung der Fragen tatkräftig unterstützen.	Partnerarbeit	
Abschluss → Legen Sie die vorbereitete Folie auf und bestimmen Sie zunächst gemeinsam die Lösungswörter. (Lösungswörter waagerecht: 6. ARABISCH 8. PROPHET Lösungswörter senkrecht: 1. KORAN 2. DSCHIBRIL 3. VORSCHRIFTEN 4. BASMALA 5. AYAT 7. SUREN) → Die Antwort zu Aufgabe 2 vergleichen die Kinder mündlich.	Plenum	▸ Arbeitsblatt (S. 15) auf Folie ▸ Overheadprojektor ▸ Folienstift

Die heilige Schrift der Muslime

© Orhan Çam – Fotolia.com

Der Koran (1/2)

Muslime haben ein ganz besonderes Buch. Es ist eine heilige Schrift, die sie „Koran“ nennen. Muslime glauben, dass ihr Gott Allah all diese Sachen einmal gesagt hat. Sie glauben, dass Allah einen Engel namens Dschibril zum Propheten Muhammad geschickt hat. Dieser Engel hat Muhammad alles ausgerichtet, was Allah wichtig war. Muhammad hat sich die Worte gemerkt und seinen Anhängern davon erzählt. Seine Freunde haben dann alles aufgeschrieben und es wurde zu einem Buch zusammengetragen. Dieses Buch ist der Koran.

Der Koran besteht aus 114 Abschnitten, die man „Suren“ nennt. Jede Sure hat einen eigenen Namen. Alle Abschnitte, bis auf den ersten, beginnen immer gleich. Den Anfang bildet immer eine Eröffnungsformel. Sie wird „Basmala“ genannt und lautet: „Im Namen Allahs, des Allerbarmers, des Barmherzigen.“ In jeder der 114 Suren findet man unterschiedlich lange Texte, die „Ayat“ genannt werden.

Wo Muhammad lebte, war Arabisch die Muttersprache. Deshalb ist der Koran in dieser Sprache geschrieben. Gläubige Muslime müssen also Arabisch können, um den Koran zu lesen. Beim Lesen halten sie sich an bestimmte Regeln. Dabei kommt es auf eine besondere Betonung an. Auch die Geschwindigkeit ist genau vorgeschrieben. Die Reihenfolge der Suren müssen Muslime einhalten. Sie dürfen also nicht erst den letzten und dann den ersten Abschnitt lesen. Das ist für Muslime wichtig, da sie glauben, dass Dschibril Muhammad die Botschaften in einer ganz bestimmten Reihenfolge genannt hat.
Vielleicht fragst du dich jetzt, was im Koran so steht. Hier finden Muslime verschiedene Vorschriften für ihren Glauben und ihr Leben. Im Koran steht zum Beispiel, was Muslime essen dürfen und wie sie sich vor dem Beten waschen müssen.

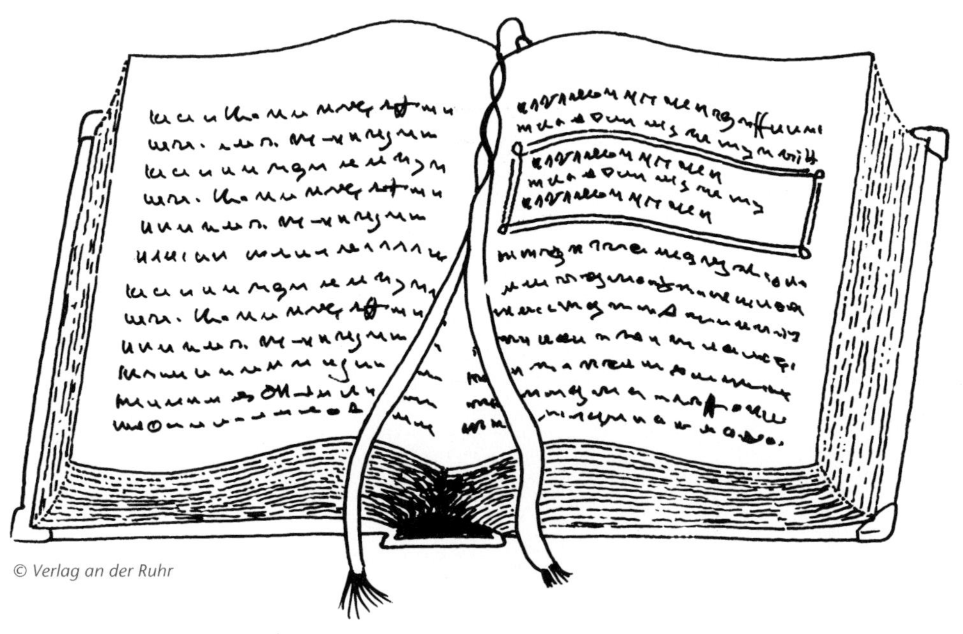

Der Koran (2/2)

1. Hast du den Text gut gelesen?
Prima, dann löse nun das Kreuzworträtsel.

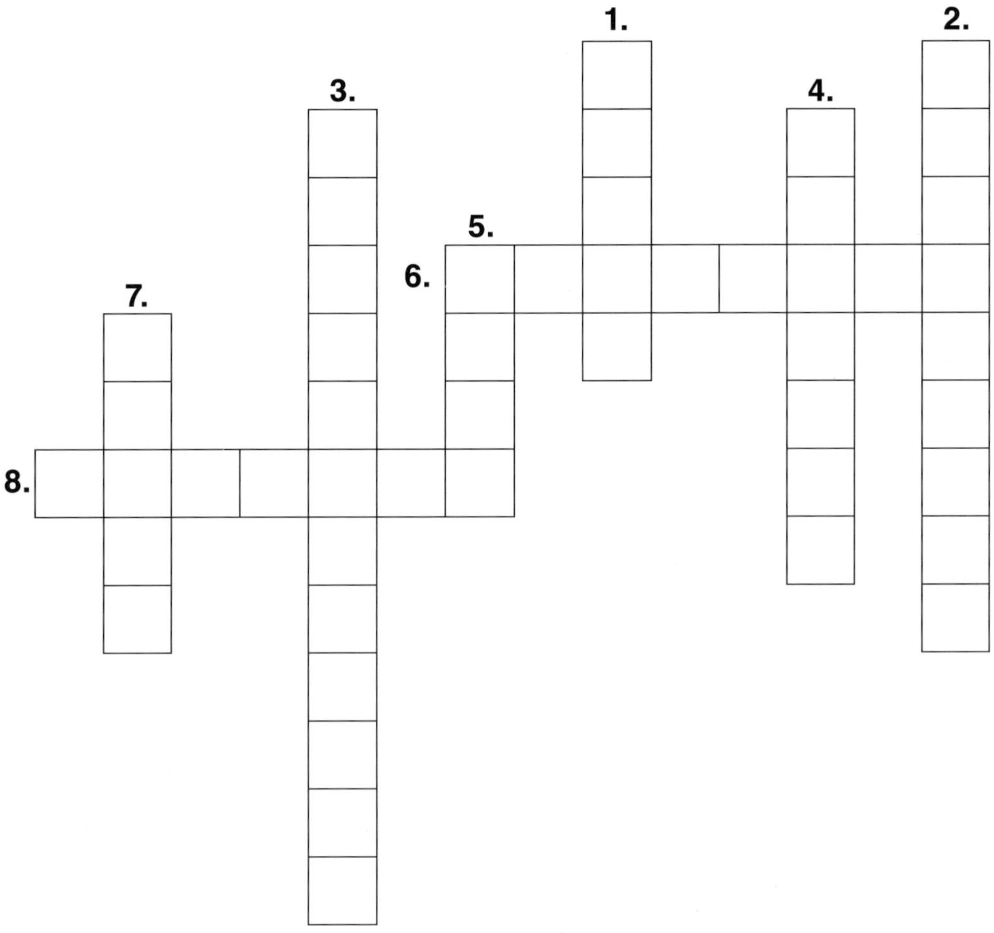

1. Wie heißt die heilige Schrift im Islam?
2. Wie hieß der Engel, der Muhammad die Botschaften Allahs überbrachte?
3. Was steht im Koran?
4. Wie wird die Eröffnungsformel der Suren genannt?
5. Wie heißen die einzelnen Texte der Suren?
6. In welcher Sprache ist der Koran geschrieben?
7. Wie nennt man die Abschnitte im Koran?
8. Wer war Muhammad?

2. Was müssen gläubige Muslime beachten, wenn sie im Koran lesen möchten?
Beschreibe in deinen eigenen Worten.

....

....

....

....

....

4 Die Moschee

<table>
<tr><th>Verlauf</th><th>Sozialform</th><th>Material</th></tr>
<tr><td>Einstieg
→ Sobald Ruhe im Klassenzimmer eingekehrt ist, lesen Sie den Kindern die Fantasiereise vor. Sofern die Schüler mit dieser Methode noch nicht vertraut sein sollten, legen Sie bitte vorab gewisse Spielregeln fest, sodass jeder die Möglichkeit erhält, ungestört innere Bilder zum Gehörten zu erzeugen (nicht sprechen; die Impulse nur im Geiste ausführen etc.).
→ Wenn Sie im Vorfeld schon wissen, dass es dem ein oder anderen Schüler Schwierigkeiten bereitet, sich längere Zeit zu konzentrieren, können Sie den entsprechenden Kindern auch schon vorab ein Blatt Papier austeilen, auf dem sie sich Notizen machen dürfen.
→ Achten Sie beim Vorlesen darauf, möglichst lange Pausen einzuhalten, damit die Kinder die Fantasiereise in Ruhe durchführen können und sich das Gehörte vor ihrem inneren Auge ohne Hast vorstellen können.</td><td>Plenum</td><td>▸ Fantasiereise „Besuch in einer Moschee“ (S. 17)
▸ ggf. Papier für Notizen</td></tr>
<tr><td>Arbeitsphase
→ Teilen Sie jedem Kind ein Blatt Papier aus. Bitten Sie die Jungen und Mädchen, auf dem Blatt zunächst grob zu skizzieren, was sie während ihrer Fantasiereise gesehen haben.
→ Wer fertig ist, erhält eine Kopie der Fantasiereisen-Geschichte und das Arbeitsblatt und bearbeitet dieses.</td><td>Einzelarbeit</td><td>Für jedes Kind:
▸ 1 Blatt Papier
▸ Fantasiereise (S. 17)
▸ Arbeitsblatt „Mein Besuch in der Moschee“ (S. 18)</td></tr>
<tr><td>Erweiterung
→ Schnelle Kinder können die Innenansicht der Moschee zusätzlich mit Ornamenten verzieren. Zeichnen Sie dazu ein bis zwei Beispiele an die Tafel.
© Verlag an der Ruhr</td><td>Einzelarbeit</td><td></td></tr>
<tr><td>Abschluss
→ Bitten Sie die Schüler zunächst, ihre Arbeitsergebnisse mit ihrem Partner zu vergleichen und ggf. Ergänzungen vorzunehmen.
→ Nutzen Sie abschließend die folgenden Fragen zur gemeinsamen Reflexion:
• Wie habt ihr euch auf eurer Reise in die Moschee gefühlt?
• Wer von euch hat schon einmal eine Moschee gesehen und mag uns davon erzählen?
• Wisst ihr, wo eine Moschee ist?
• Hättet ihr euch eine Moschee so vorgestellt?
• Wie denkt ihr über das Gotteshaus der Muslime?</td><td>Partnerarbeit/ Plenum</td><td></td></tr>
</table>

Besuch in einer Moschee

Mache es dir auf deinem Platz so bequem wie möglich. Wenn du möchtest, kannst du deine Arme auf dem Tisch verschränken und deinen Kopf darauf betten. Schließe nun deine Augen und folge mir auf eine besondere Reise. Für diese Reise benötigst du kein Gepäck, denn wir reisen in unserer Fantasie. Stell dir vor, du gehst eine lange Straße entlang. Links und rechts von dir befinden sich Bäume. Ihr sattes Grün spendet dir Schatten. Du hörst Menschen reden und lachen. Folge den Menschen auf ihrem Weg ans Ende der Straße. Sie werden von einem lauten Gesang angelockt. Dieser Gesang stammt vom muslimischen Gebetsrufer. Er wird „Muezzin" genannt.

Du folgst der Stimme und den Menschen. Als du am Ende der Straße angekommen bist, siehst du ein großes Gebäude. Dieses besondere Haus sieht anders aus als die Häuser, die du kennst. Auf seinem Dach ist eine große Kuppel. Darauf ist ein Halbmond zu sehen. Du ahnst, dass dies hier ein Ort sein könnte, an dem sich gläubige Muslime treffen. Du hast Recht: Du stehst vor einer Moschee. Schau einmal nach oben auf den Turm der Moschee. Er heißt „Minarett". Dort siehst du den Muezzin, der die Gläubigen zum Gebet ruft.

Einer der Gläubigen gibt dir ein Zeichen, ihm zu folgen. Er führt dich zu einem großen Brunnen im Hof. Auf dem Weg dorthin erzählt er dir, dass „Moschee" übersetzt „Ort der Niederwerfung" heißt. Dein muslimischer Freund zeigt dir, wie sich die Muslime am Brunnen waschen, bevor sie die Moschee betreten. Sie waschen ihr Gesicht, ihre Arme, Hände und Füße. Du schaust dich um: Alle machen es auf dieselbe Weise. Du ahnst, dass es hier eine bestimmte Reihenfolge gibt, die eingehalten werden muss. Wer mit dem Waschen fertig ist, geht auf die Moschee zu. Bevor du den Männern oder Frauen folgst, musst du die Schuhe ausziehen. Schau mal, alle Muslime betreten die Moschee zuerst mit dem rechten Fuß. Ist dir das aufgefallen? Das tun sie, weil sie alle „guten" und reinen Dinge mit der rechten Hand oder dem rechten Fuß machen – zum Beispiel auch essen.

In der Moschee gibt es Räume für Frauen und Männer. Sie beten dort getrennt.

Als du das Innere der Moschee betrittst, fühlst du den flauschigen Teppich unter deinen Füßen. Du schaust dich in Ruhe um. Dabei fällt dir auf, dass es hier weder Bänke noch Stühle gibt. Stattdessen knien die Muslime auf den ausgelegten Teppichen. Es sind Gebetsteppiche. Dabei schauen alle in die gleiche Richtung. Diese Gebetsrichtung wird „Quibla" genannt. Sie zeigt in Richtung der heiligen Stadt Mekka. In deiner Moschee wird sie durch die Gebetsnische angezeigt. Muslime nennen sie „Mihrab". Das ist ein kleiner Hohlraum, der von Säulen umgeben ist. Der Platz davor gehört dem Imam. Das ist der Vorbeter.

Neben der Gebetsnische siehst du eine Treppe. Sie führt zur sogenannten „Mimbar". Das Wort bedeutet übersetzt „Kanzel". Von dort aus predigt der Imam vor dem Freitagsgebet. Schau dir mal die Wände genauer an. Bilder oder Statuen wie in der christlichen Kirche findest du hier keine. Trotzdem sind die Wände nicht leer. Hier siehst du tolle orientalische Muster, die Ornamente genannt werden. Und schau mal, auf der rechten Seite sind Verse aus dem Koran zu lesen.

Du gehst nun leise hinaus und ziehst deine Schuhe wieder an. Du folgst der wunderschönen Baumallee zurück ins Klassenzimmer. Wenn du so weit bist, kannst du deine Augen wieder öffnen. Schön, dass du wieder da bist.

Mein Besuch in der Moschee

1. **Was siehst du an und in der Moschee?**
   Suche das passende Wort in der Wörterliste und trage es im Bild ein.
   Wenn du nicht mehr weißt, was die Wörter bedeuten, lies in der Fantasiereise-Geschichte nach.

2. **Vergleiche die Moschee mit deinem vorher gemalten Bild.**
   Ergänze, was du vergessen hast.

© Dorothee Wolters

Wörterliste:
Kuppel, Mimbar, Koranverse, Halbmond, Mihrab, Minarett, Muezzin, Imam

 Muhammad liebt die Tiere (1/2)

Verlauf	Sozialform	Material
Hinweis: Die Einheit kann, je nach Zusammensetzung der Lerngruppe, u. U. etwas mehr als eine Schulstunde in Anspruch nehmen. Falls nur eine Schulstunde genutzt werden soll, kann das unter „Abschluss" aufgeführte Arbeitsblatt stattdessen als Hausaufgabe bearbeitet werden.		
Einstieg → Erzählen Sie den Kindern, dass Sie heute einmal über den Umgang mit Tieren nachdenken möchten. → Teilen Sie die Kinder in 4er-Gruppen ein. Ist dies aufgrund der Klassenstärke nicht möglich, so bilden Sie zusätzlich eine bis zwei 3er-Gruppen. → Jede Gruppe nimmt nun an einem Gruppentisch Platz und erhält die Vorlage „Sprechtaler". Zunächst schneiden die Kinder die Taler grob aus, sodass jedes Gruppenmitglied einen Streifen mit drei identischen Talern erhält. Während die Kinder ihre Taler ausschneiden, können Sie bereits die folgenden Fragen gut lesbar an der Tafel notieren: • **Wie denkst du über Tiere?** • **Hast du Lieblingstiere oder magst du alle Tiere gleich gerne?** • **Wie gehen wir Menschen mit den Tieren um?** • **Kennst du Beispiele für Menschen, die besonders gut für Tiere sorgen?** • **Was ist für dich ein schlechter Umgang mit Tieren?** → Sobald alle Taler ausgeschnitten sind, beantworten die Kinder mithilfe ihrer Sprechtaler die Fragen. Ein Schüler beginnt, indem er einen seiner Sprechtaler in die Mitte legt und die erste Frage beantwortet. Anschließend hat das nächste Gruppenmitglied die Möglichkeit, sich zur Frage zu äußern, indem es ebenfalls einen seiner Taler in die Mitte legt. Dabei darf der Schüler sowohl Ergänzungen vornehmen als auch völlig neue Aspekte aufzeigen. Wer nichts sagen möchte, legt ebenfalls einen Taler in die Mitte. Sobald alle Taler dort versammelt sind, werden diese wieder an die Gruppenmitglieder verteilt und die Kinder tauschen sich auf diese Weise über die nächste Frage aus.	Gruppenarbeit	**Für jede Gruppe:** ▸ Kopiervorlage „Sprechtaler" (S. 21) ▸ Scheren

Muhammad liebt die Tiere (2/2)

Arbeitsphase → Teilen Sie den Kindern den Lesetext aus. Lesen Sie diesen zunächst gemeinsam. → Geben Sie den Schülern anschließend die Möglichkeit, ihr Textverständnis mithilfe der folgenden Fragen mündlich zu überprüfen: • **Wohin ging Muhammad?** • **Was ist ein Teegarten?** • **Was machen die Kameltreiber dort?** • **Was, glaubt ihr, ist die Aufgabe eines Kameltreibers?** • **Wen fand Muhammad auf seinem Weg in den Teegarten?** • **Was dachte er wohl, als er das Kamel dort sah?** • **Was denkt ihr: Warum hat das Kamel so sehr geweint?** • **Wie hat Muhammad ihm geholfen?** • **Was meint der Prophet, wenn er sagt: „Wisst ihr, Allah liebt alle Tiere. Deshalb ist es unsere Pflicht, uns gut um sie zu kümmern. Wir müssen sie respektieren und gut für sie sorgen.“?**	Plenum	**Für jedes Kind:** ▸ Lesetext „Das traurige Kamel“ (S. 22)
Abschluss → Zum Abschluss erhalten die Kinder das Arbeitsblatt. Hier schneiden sie die Bilder aus, ordnen diese und kleben sie in der richtigen Reihenfolge in ihr Heft. Neben jedes Bild schreiben die Schüler den entsprechenden Handlungsverlauf. → Ihre Ergebnisse vergleichen die Kinder zum Stundenende mit ihrem Sitznachbarn.	Einzelarbeit	**Für jedes Kind:** ▸ Arbeitsblatt „Das traurige Kamel“ (S. 23) ▸ Schere ▸ Klebestift
Erweiterung → Schnelle Kinder können die christliche Einstellung zu Tieren beschreiben, indem Sie ihnen erzählen, dass Gott alle Tiere erschaffen hat und uns Menschen den Auftrag gab, uns gut um sie zu kümmern. Die Schüler schreiben oder malen auf ein Blatt Papier, wie solch ein guter Umgang aussehen könnte.	Einzelarbeit	▸ Blatt Papier

Sprechtaler

Das traurige Kamel (1/2)

Der Prophet Muhammad liebte alle Tiere. Er kümmerte sich immer gut um sie. Muhammad respektierte die Tiere. Kein Tier war für ihn wichtiger als ein anderes. So mochte er Spinnen genauso gerne wie Vögel und alle anderen Tiere.
Davon handelt auch die folgende Legende. Eines Tages machte sich Muhammad auf den Weg zu einem Teegarten. Dort saßen die Kameltreiber oft zusammen und ließen es sich gut gehen. Sie aßen Leckereien und tranken dazu Tee. Die Männer liebten den Teegarten. Hier konnten sie sich nach der langen Wanderung durch die heiße Wüste ausruhen und stärken.
Schon von Weitem hörte Muhammad ein lautes Heulen. Muhammad hörte, dass es hier jemandem sehr schlecht ging. Er folgte dem lauten Weinen, bis er vor einem Kamel stand. Das arme Kamel war an einem Pfosten mitten in der Sonne angebunden. Es hatte schrecklichen Durst und Hunger.

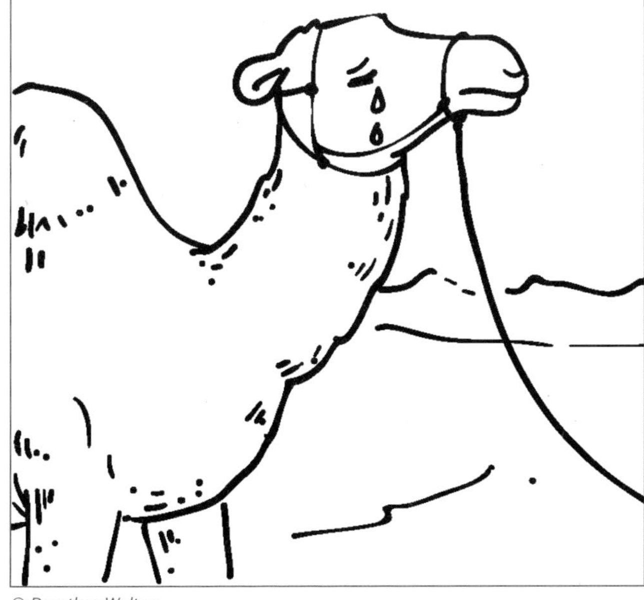

© Dorothee Wolters

Außerdem war ihm entsetzlich heiß. Muhammad betrachtete das Tier genauer. Sein Besitzer schien sich nicht sehr gut um das Kamel zu kümmern. Es war sehr mager und schien nicht genug zu essen zu bekommen.
Muhammad ging zu dem Kamel. Mit ruhiger Stimme sprach er zu ihm und streichelte es. Muhammads Trost schien dem Kamel gut zu tun. Es hörte auf zu weinen.
Nachdem er das Kamel beruhigt hatte, ging Muhammad schnell in den Teegarten. Alle Männer waren sofort still, als sie ihn sahen. Schließlich war Muhammad der Herrscher über Medina und somit eine Art Anführer für die Menschen.
„Wem gehört das Kamel, das in der Sonne angebunden ist?“, fragte Muhammad in die Runde.
Einer der Männer stand auf und rief: „Das ist meins.“
„Wie kannst du das arme Tier nur so schlecht behandeln?“, fragte Muhammad. „Dein Kamel steht draußen in der Hitze. Es hat Hunger und Durst. Du selbst sitzt hier im Schatten und hast genug zu essen und zu trinken. Findest du das etwa gerecht?“
Der Kameltreiber verstand, was Muhammad ihm sagen wollte. Er rannte schnell hinaus, um das Kamel im Schatten zu versorgen. Währenddessen erklärte Muhammad den anderen Kameltreibern, warum er so hart zu ihrem Freund gewesen war. „Wisst ihr, Allah liebt alle Tiere. Deshalb ist es unsere Pflicht, uns gut um sie zu kümmern. Wir müssen sie respektieren und gut für sie sorgen. Das will Allah von uns.“

Das traurige Kamel (2/2)

1. **Schneide die Bilder aus. Bringe sie in die richtige Reihenfolge.**
2. **Klebe die Bilder untereinander in dein Heft.**
3. **Schreibe neben jedes Bild, was dort geschieht.**

© Dorothee Wolters

© Dorothee Wolters

© Dorothee Wolters

© Dorothee Wolters

6 Das Leben des Propheten Muhammad (1/2)

Verlauf	Sozialform	Material
Einstieg → Einleitung: **Wir haben schon einiges über den Propheten Muhammad erfahren. Nun wollen wir einmal herausfinden, was wir uns davon behalten haben.** → Der Austausch des Vorwissens erfolgt nun im doppelten Sitzkreis. Stellen Sie dazu die Hälfte der Stühle im Kreis auf. Die Lehnen zeigen dabei nach innen. Um diesen inneren Kreis herum bilden Sie nun den äußeren Kreis, indem mit Blickrichtung zum inneren Kreis jeweils ein Stuhl aufgestellt wird. Die Hälfte der Schüler nimmt im inneren und die andere Hälfte im äußeren Kreis Platz. Bei ungerader Schüleranzahl stellen Sie im äußeren Kreis einen weiteren Stuhl auf, sodass hier eine 3er-Gruppe entsteht. → Sobald alle Kinder Platz genommen haben, tauschen sich die Partner über ihr Vorwissen aus. Dabei unterhält sich jeweils ein Kind im äußeren Kreis mit seinem Partner im inneren Kreis. → Auf Ihr Zeichen hin wandern die Schüler im äußeren Kreis im Uhrzeigersinn einen Platz weiter, sodass neue Paare entstehen, die sich ebenfalls austauschen.	Plenum	▸ 1 Stuhl für jedes Kind
Arbeitsphase → Überleitung: **Dass Muhammad ein sehr wichtiger Prophet im Islam ist, wisst ihr ja. Ihr wisst auch, dass er durch den Engel Dschibril die Worte des Koran empfangen hat. Doch wie sah Muhammads Leben eigentlich davor aus? Das schauen wir uns nun einmal genauer an.** → Vereinen Sie beide Kreise zu einem großen Sitzkreis und lesen Sie dort gemeinsam die vorbereitete Textrolle. Wählen Sie dazu ein Kind auf freiwilliger Basis aus. Das Kind öffnet das gefaltete Papier bis zur ersten Markierungslinie und liest den Satz vor. Im Anschluss reicht es den Text an den nächsten Freiwilligen weiter. Auch dieser Schüler klappt die Rolle bis zur nächsten Markierung auf und liest den freigelegten Satz vor. Verfahren Sie auf diese Weise, bis der gesamte Text vorgelesen wurde. → Nutzen Sie anschließend die folgenden Fragen und Impulse zur Besprechung: • **Was denkt ihr: Wie war es für Muhammad, schon so früh seine Eltern zu verlieren?** • **Bei wem ist er aufgewachsen?** • **Was waren sein Onkel und sein Opa von Beruf?** • **Wir haben erfahren, dass die Kaufleute damals mit Kamelen durch die Wüste gewandert sind. Schließlich gab es zu dieser Zeit keine Autos, keine Bahn und auch keine Flugzeuge. Wie stellt ihr euch das Leben der Kaufleute vor?** • **Wisst ihr noch, wie der Stamm heißt, dem Muhammad angehörte?**	Plenum	▸ Vorlage „Das Leben des Propheten Muhammad" (S. 26) auf DIN A3 vergrößert Die einzelnen Textstreifen knicken Sie bitte, beginnend beim untersten Satz, jeweils nach innen, sodass sich der erste Satz schließlich außen befindet. Auf diese Weise erhalten Sie eine Textrolle.

6 Das Leben des Propheten Muhammad (2/2)

• **Was gehörte den Quarish?** • **Womit verdienten sie viel Geld?** • **Was habt ihr außerdem im Text über Muhammad erfahren?**		
Abschluss → Zurück am Platz erhalten die Kinder das Arbeitsblatt. Hier füllen sie einen Lebenslauf des Propheten aus. Dazu dürfen die Schüler auch die Texte der vorhergehenden Stunden nutzen. → Legen Sie währenddessen die vorbereitete Folie auf den Overheadprojektor. Hier können die Kinder noch einmal die benötigten Informationen nachlesen. → Vergleichen Sie abschließend die Arbeitsergebnisse gemeinsam im Plenum.	Einzelarbeit/ Plenum	▸ Vorlage „Das Leben des Propheten Muhammad" (S. 26) auf Folie ▸ Overheadprojektor **Für jedes Kind:** ▸ Arbeitsblatt „Muhammads Leben" (S. 27)

Das Leben des Propheten Muhammad

Muhammad wurde im Jahr 571 in einer Stadt namens Mekka geboren.

Faltlinie

Sein Vater starb, bevor Muhammad geboren wurde.

Auch Muhammads Mutter starb schon früh.

Da war Muhammad gerade einmal 6 Jahre alt.

Muhammad lebte dann bei seinem Opa und seinem Onkel.

Die beiden kümmerten sich um ihn.

Da sie Kaufleute waren, mussten sie viel reisen.

Muhammad begleitete sie auf den Kamelwanderungen durch die Wüste.

Dabei lernte Muhammad viele Menschen kennen.

Viele Leute waren Christen oder Juden.

Muhammad sprach mit ihnen über ihren Glauben.

Muhammad gehörte zum Stamm der Quarish.

Ihnen gehörte der Gebetsplatz.

Dort gab es viele Götterstatuen, da die Menschen an verschiedene Götter glaubten.

Die Quarish verdienten damit sehr viel Geld.

Die Leute mussten nämlich dafür bezahlen, wenn sie auf dem Gebetsplatz beten wollten.

Das fand Muhammad nicht gut.

Als Muhammad 25 Jahre alt war, heiratete er eine Frau namens Khadischa.

Gemeinsam bekamen sie 6 Kinder.

Muhammads Leben

**Du weißt nun sehr viel über den Propheten Muhammad.
Deshalb ist es bestimmt leicht für dich, den Lebenslauf auszufüllen.
Trage ein, was du alles erfahren hast.
Du kannst dafür auch deine Unterlagen aus den anderen Stunden benutzen.**

Lebenslauf des Propheten Muhammad

Geboren im Jahr: ....

Geboren in: ....

Aufgewachsen bei: ....

Name seiner Frau: ....

Anzahl der Kinder: ....

So wurde er zum Propheten: ....

....

....

....

Seine Aufgabe als Prophet: ....

....

....

....

So dachte er über die Tiere: ....

....

....

....

© Verlag an der Ruhr | Autorin: Aline Kurt | ISBN 978-3-8346-4007-9 | www.verlagruhr.de

7 Wie wird man Muslim?

Verlauf	Sozialform	Material
Einstieg → Erzählen Sie den Kindern, dass Sie ihnen etwas mitgebracht haben. Kommen Sie im Sitzkreis zusammen. Legen Sie hier gemeinsam mit den Schülern die Puzzleteile zusammen, sodass die dargestellte Taufe sichtbar wird. Nutzen Sie anschließend die folgenden Impulse für ein Gespräch: • **Was seht ihr auf dem Bild?** • **Wisst ihr, wie man das, was hier geschieht, nennt?** • **Was wisst ihr über die Taufe?**	Plenum	▸ Puzzle „Christen werden getauft" (S. 29), evtl. auf DIN A3 vergrößert Schneiden Sie bitte die Puzzleteile vor Unterrichtsbeginn aus.
Arbeitsphase → Überleitung: **Nun, da wir uns wieder alle daran erinnert haben, wie man Christ wird, wollen wir uns einmal anschauen, wie Menschen zum Muslim werden.** → Zurück am Platz erhält jedes Kind das Arbeitsblatt. Nachdem die Schüler den kurzen Text gelesen haben, beantworten sie die angegliederten Fragen.	Einzelarbeit	**Für jedes Kind:** ▸ Arbeitsblatt „So wird man Muslim" (S. 30)
Erweiterung → Schnelle Schüler dürfen weitere Informationen über die Schahada (islamisches Glaubensbekenntnis) recherchieren. Wird der Begriff in einer Kindersuchmaschine eingegeben, so finden die Schüler hier eine Vielzahl kindgerechter Informationen.	Einzel-/ Partner-/ Gruppenarbeit	▸ Blatt Papier
Abschluss → Vergleichen Sie abschließend die Arbeitsergebnisse im Plenum. Denken Sie hier auch bitte daran, den schnellen Schülern die Möglichkeit zu geben, ihr Wissen über das islamische Glaubensbekenntnis mit den anderen Kindern zu teilen.	Plenum	

Christen werden getauft

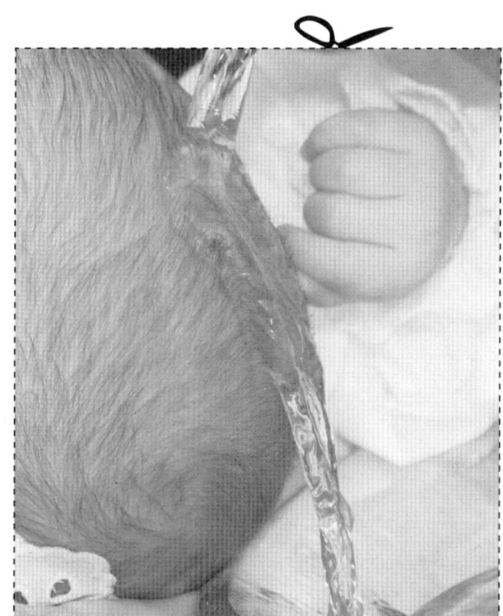

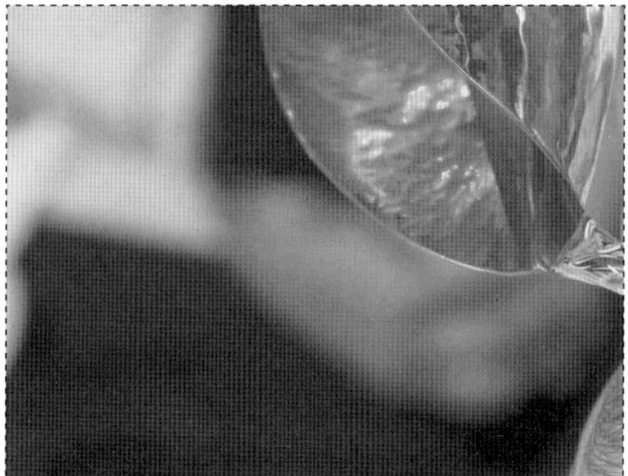

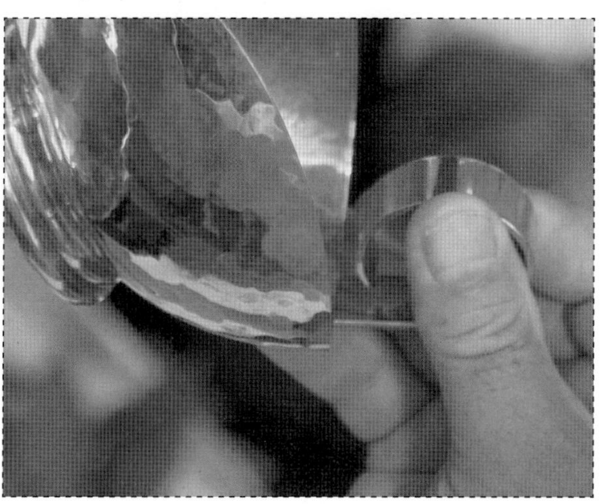

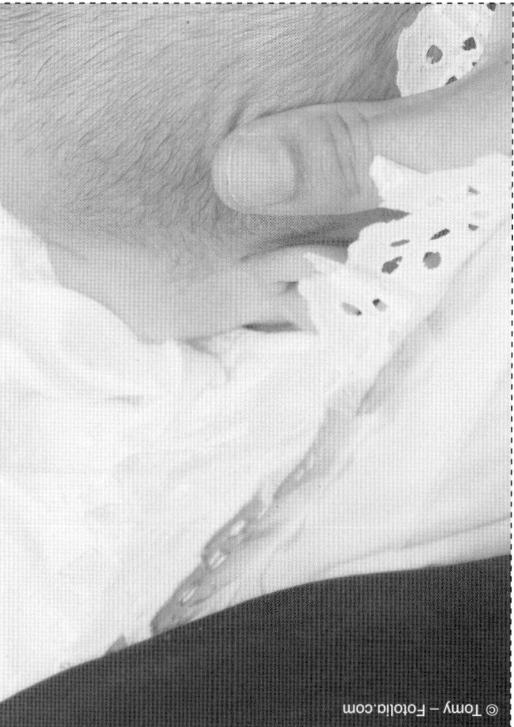

So wird man Muslim

Aus dem Christentum kennst du die Taufe als offizielle Aufnahme in die Religionsgemeinschaft. Im Islam gibt es so etwas nicht.
Manchmal wird einem Kind kurz nach der Geburt ein Teil des islamischen Gebetsrufes ins Ohr geflüstert und der Name des Kindes 3-mal wiederholt. Das hat aber nichts mit einer Taufe, wie sie im Christentum stattfindet, zu tun. Es ist eher ein Ritual, das aber auch nicht in jeder Familie stattfindet.
Stattdessen glaubt man im Islam daran, dass jedes Kind als Muslim geboren wird. Neugeborene Kinder gelten außerdem als rein und frei von Sünden. Im Laufe ihres weiteren Lebens sollen sie sich durch ihr Verhalten als gläubige Muslime auszeichnen.

Möchte ein Erwachsener aus einer anderen Religion Muslim werden, geht das natürlich auch. Dazu muss er das islamische Glaubensbekenntnis vor muslimischen Zeugen laut aussprechen. Glaubt der Erwachsene das, was er sagt, dann ist er bereits Muslim. Das islamische Glaubensbekenntnis heißt Schahada und lautet: „Ich bezeuge: Es gibt keinen Gott außer Allah, und ich bezeuge, dass Muhammad sein Prophet ist."

1. Wie wird ein Mensch aus einer anderen Religion zum Muslim? Erkläre in eigenen Worten.

....

....

....

....

2. Wie wird ein Kind Muslim? Und wie wird es Christ? Erkläre die Unterschiede.

....

....

....

....

Bräuche und Gebote

1 Schahada: Die erste Säule des Islam

Verlauf	Sozialform	Material
Einstieg → Erinnern Sie die Kinder daran, dass sich die Christen an bestimmte Gebote halten sollen. Diese nennen sie „die zehn Gebote“. Notieren Sie nun die Anfangsbuchstaben des Wortes „Gebote“ untereinander an der Tafel. Gestalten Sie mit den Kindern dazu ein Akrostichon, indem sie sich gemeinsam zu jedem Buchstaben ein oder mehrere passende Wörter ausdenken und dahinter notieren. Das folgende Beispiel verdeutlicht die Vorgehensweise: **G**ott ist Liebe **E**rhalten wir sie **B**efolgen wir seine Gebote **O**ffenheit ist wichtig **T**iefe Liebe **E**rfahren wir dann	Plenum	▸ Tafel ▸ Kreide
Arbeitsphase → Überleitung: **Auch im Islam gibt es bestimmte Regeln, an die sich Muslime halten müssen. Diese Pflichten werden „Säulen“ genannt. Es gibt fünf verschiedene Säulen. Eine davon wollen wir nun kennenlernen.** → Verteilen Sie die Arbeitsblattkopien an die Kinder. Ein kurzer Text informiert die Schüler zunächst über die erste Säule des Islams. Mithilfe dieser Informationen bearbeiten sie anschließend die einzelnen Aufgaben.	Einzelarbeit	**Für jedes Kind:** ▸ Arbeitsblatt „Schahada: Die erste Säule des Islam“ (S. 33)
Erweiterung → Schnelle Schüler können zusätzlich das christliche Glaubensbekenntnis recherchieren. Dieses finden sie im katholischen Gotteslob.	Einzelarbeit	▸ Gesangbuch
Abschluss → Vergleichen Sie abschließend die Arbeitsergebnisse im Plenum.	Plenum	

Schahada: Die erste Säule des Islam

© Verlag an der Ruhr

Im Islam gibt es 5 wichtige Gebote. Sie werden „Säulen“ genannt. Die erste Säule im Islam wird „Schahada“ genannt. Das ist das Glaubensbekenntnis. Es besteht aus einem Satz. Er heißt: „Ich bezeuge: Es gibt keinen Gott außer Allah und Muhammad ist sein Prophet.“
Gläubige Muslime müssen das Glaubensbekenntnis mehrmals am Tag sprechen. Damit es wirksam wird, müssen sie es allerdings auf arabisch sagen und das klingt ungefähr so: „aschhadu la-ilaha-ill-allah wa aschhadu anna muhammamadan rasulullah.“
Mit der Schahada sagen die Muslime, dass Allah ihr Gott ist. Außerdem erinnern sie sich daran, dass auch Muhammad in ihrer Religion eine wichtige Rolle spielt. Muslime sehen ihn als Propheten. Sie glauben, dass Allah den Engel Dschibril zu Muhammad schickte. Er hat dem Propheten alles erzählt, was Muhammad den Menschen sagen sollte.

1. Welchen Glauben drücken Muslime im Glaubensbekenntnis aus? Erkläre in eigenen Worten.

....

....

....

2. Woran glaubst du?

....

....

....

3. Stelle dir vor, du dürftest dein eigenes Glaubensbekenntnis schreiben. Wie könnte es lauten?

....

....

....

Salat: Die zweite Säule des Islam

Verlauf	Sozialform	Material
Einstieg → Erzählen Sie den Kindern, dass Sie sich heute mit dem Thema „Beten“ beschäftigen möchten. → Teilen Sie die Schüler in 4er-Gruppen ein. Ist dies aufgrund der Gruppenstärke nicht möglich, können Sie zusätzlich ein bis zwei 3er-Gruppen bilden lassen. → Nachdem die Gruppen jeweils an einem Gruppentisch Platz genommen haben, erhalten sie ihr Platzdeckchen. Dieses legt jede Gruppe in die Mitte. Jeder Schüler schreibt nun in das vor ihm liegende Feld alles, was er mit dem Thema „Beten“ assoziiert. Das Feld in der Mitte muss dabei frei bleiben. Auf Ihr Zeichen hin vergleichen die Schüler ihre Antworten und schreiben alle Übereinstimmungen in das freie Feld in der Mitte. → Geben Sie jeder Gruppe die Gelegenheit, ihre Ergebnisse im Plenum vorzustellen.	Gruppenarbeit/ Plenum	**Für jede 4er-Gruppe:** ▸ Vorlage „Platzdeckchen“ (S. 35)
Arbeitsphase → Überleitung: **Im Islam spielt das Beten eine wichtige Rolle. Es ist eine der fünf Säulen. Wir wollen uns das nun einmal genauer ansehen.** → Teilen Sie jedem Kind eine der vorbereiteten Lesetextkopien aus. Lesen Sie den Inhalt gemeinsam, indem die Schüler auf freiwilliger Basis abwechselnd laut vorlesen. → Nutzen Sie anschließend die folgenden Fragen zur mündlichen Überprüfung des Textverständnisses: • **Wie oft beten Muslime?** • **Warum beten sie so oft?** • **An welche Regeln müssen sie sich dabei halten?**	Plenum	**Für jedes Kind:** ▸ Lesetext „Salat: Die zweite Säule des Islam“ (S. 36)
Abschluss → Jedes Kind erhält das Arbeitsblatt und führt die Aufgaben aus. → Abschließend vergleichen die Kinder ihre Ergebnisse mit ihren Gruppenmitgliedern.	Einzelarbeit/ Gruppenarbeit	**Für jedes Kind:** ▸ Arbeitsblatt „Salat: Die zweite Säule des Islam“ (S. 37)
Erweiterung → Schnelle Kinder können zusätzlich einen Gebetsteppich entwerfen. Erzählen Sie ihnen, dass Gebetsteppiche kunstvoll mit Ornamenten verziert sind.	Einzelarbeit	▸ Blatt Papier

Platzdeckchen

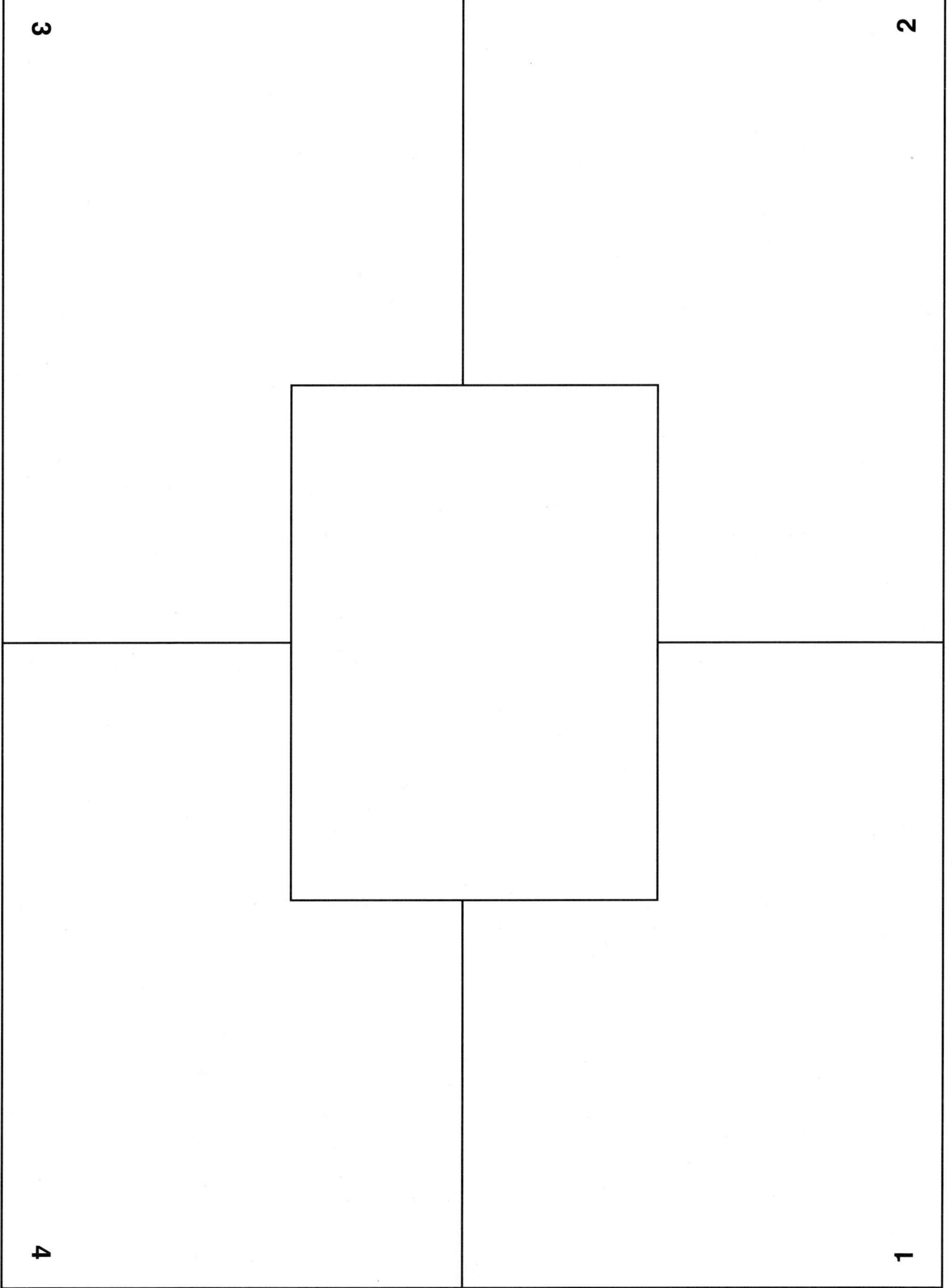

Salat: Die zweite Säule des Islam (1/2)

Die zweite Pflicht der Muslime wird „Salat" genannt. Das Wort bedeutet übersetzt „Gebet". Dafür gibt es spezielle Vorschriften. Eine Vorschrift besagt, dass 5-mal täglich gebetet werden soll. Dabei richten sich die Muslime nicht nach einer Uhrzeit, sondern nach der Sonne.

Die Gebetszeiten sind:
Morgengebet: vor Sonnenaufgang
Mittagsgebet: am Mittag
Nachmittagsgebet: am Nachmittag
Abendgebet: nach Sonnenuntergang
Nachtgebet: 2 Stunden nach Sonnenuntergang

Doch bevor die Muslime beten, gibt es einige Vorbereitungen zu treffen. Zuerst waschen sich die Gläubigen, um rein für ihr Gebet zu sein. Auch dabei gibt es bestimmte Vorschriften. Man wäscht sich nicht einfach irgendwie, sondern hält sich an eine bestimmte Reihenfolge. Zuerst werden die Hände gewaschen, der Mund ausgespült und die Nase gereinigt. Dann werden das Gesicht und die Unterarme gewaschen – zuerst der rechte und dann der linke Unterarm. Anschließend streichen sich die Gläubigen mit der nassen Hand über den Kopf. Zum Schluss werden die Ohren, der Nacken und die Füße gewaschen – wieder erst der rechte, dann der linke Fuß. Das Waschen soll den Muslimen auch dabei helfen, sich auf das anschließende Gebet zu konzentrieren.
Nach dem Waschen wird der Gebetsplatz vorbereitet. Hierfür suchen sich die Gläubigen einen sauberen und ruhigen Ort aus, an dem sie ihren Gebetsteppich auslegen. Ist solch ein spezieller Teppich nicht zur Hand, dann können sie auch ein sauberes Tuch oder einen anderen Teppich benutzen. Wichtig ist nur, dass der Teppich Richtung Mekka zeigt. Das ist nämlich der heilige Ort im Islam.
Jetzt kann das Gebet beginnen. Beim Beten werden bestimmte Reihenfolgen eingehalten. Zuerst wird sich in Richtung Mekka verbeugt. Anschließend knien sich die Gläubigen auf den Teppich. Schließlich berühren sie den Teppich mit ihrer Stirn. Das Gebet selbst besteht aus Worten aus dem Koran und wird immer auf arabisch gesprochen. Die Muslime danken Allah im persönlichen Gebet und bitten ihn um seine Hilfe.

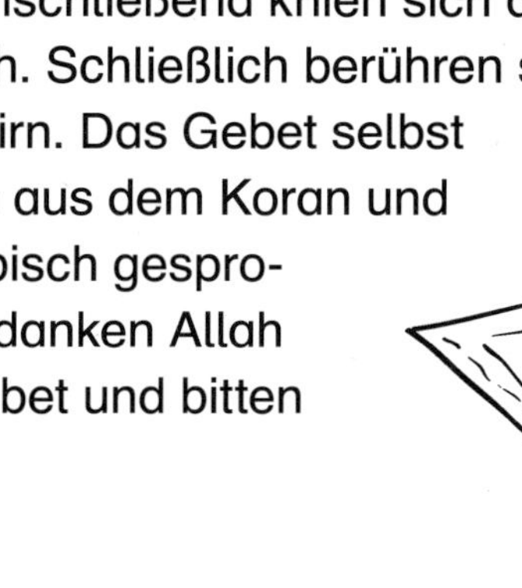

Salat: Die zweite Säule des Islam (2/2)

1. Was stimmt? Kreuze alle richtigen Antworten an.

- ❑ Muslime beten 6-mal pro Tag.
- ❑ Gebet wird im Islam „Salat" genannt.
- ❑ Muslime müssen sich beim Beten an bestimmte Regeln halten.
- ❑ Zum Beten nutzen Muslime einen Gebetsteppich.
- ❑ Es ist egal, in welche Richtung der Gebetsteppich zeigt.
- ❑ Beim Beten setzen sich die Muslime auf einen Gebetsteppich.

2. Du weißt, dass sich Muslime vor dem Gebet waschen. Erinnerst du dich noch an die Reihenfolge? Schreibe die richtigen Nummern in die Kästchen.

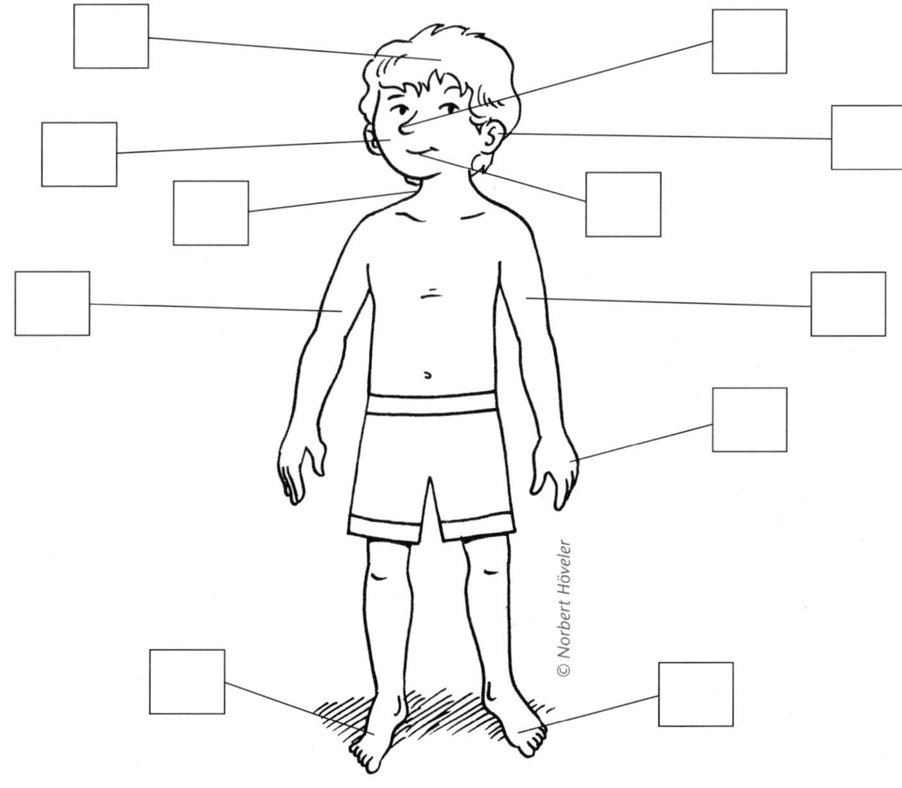

© Norbert Höveler

3. Welche 3 Körperhaltungen nehmen Muslime auf dem Gebetsteppich ein? Male in die Kästchen.

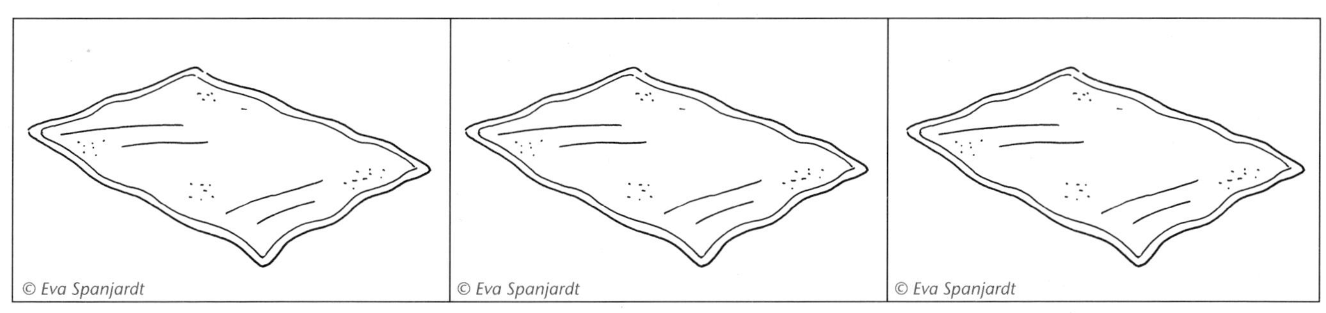

© Eva Spanjardt © Eva Spanjardt © Eva Spanjardt

3 Zakat: Die dritte Säule des Islam

Verlauf	Sozialform	Material
Einstieg → Erzählen Sie den Kindern: **Die dritte Säule im Islam wird „Zakat" genannt. Einmal im Jahr sind alle Muslime aufgerufen, an Bedürftige zu spenden. Wie viel jeder spenden soll, hängt davon ab, wie viel Geld er selbst besitzt. Muslime glauben, dass ihre Spende nicht nur den Bedürftigen hilft, sondern auch ihnen selbst, da sie lernen, ihr Herz nicht an Besitz zu hängen. Was, glaubt ihr, könnte damit gemeint sein?**	Plenum	
Arbeitsphase → Teilen Sie jedem Kind die Bastelvorlage sowie die benötigten Materialien aus. Gemäß der Anleitung schneiden die Kinder die Herzvorlage aus, übertragen diese auf den Filz und gestalten daraus ein Filzherz.	Einzelarbeit	**Für jedes Kind:** ▸ Bastelvorlage „Ein Herz für Bedürftige" (S. 39) ▸ Materialien siehe Bastelvorlage
Erweiterung → Schnelle Schüler können ihr Herz mit Mustern verzieren. Teilen Sie ihnen dazu ein weiteres Stück Filz in einer anderen Farbe aus. Die Kinder malen darauf Muster ihrer Wahl (wie z. B. Kreise), schneiden diese aus und kleben sie auf ihr Filzherz.	Einzelarbeit	▸ Filz in weiteren Farben
Abschluss → Überleitung: **Jeder von uns hat nun ein wunderschönes Herz gebastelt, das die Liebe symbolisiert. Diese Liebe gibt es auch in der christlichen Religion. Dort wird sie „Nächstenliebe" genannt und besagt, dass wir andere Menschen so lieben sollen wie uns selbst. Was könnte damit gemeint sein?** → Die Kinder können die gebastelten Herzen nun als symbolische Botschaft immer bei sich tragen. So werden sie stets an den Gedanken der Nächstenliebe erinnert. Alternativ können Sie die Herzen auch im Klassenraum aufhängen. Dazu benötigen Sie eine Nadel oder einen Locher, eine Schnur und eine Wäscheleine. Fädeln Sie die Herzen mithilfe der Nadel an der Schnur auf oder lochen Sie die Herzen und ziehen die Schnur durch das Loch. Anschließend hängen Sie die Herzen mit der Schnur an die Wäscheleine. → Überlegen Sie abschließend gemeinsam mit den Kindern, wie sie gemäß dem christlichen Glauben Armen und Bedürftigen helfen können. Vielleicht lässt sich ja auch gemeinsam ein Spendenbasar organisieren?	Plenum	Falls die Herzen im Klassenraum aufgehängt werden: ▸ Nadel/Locher ▸ Schnur ▸ Wäscheleine

Ein Herz für Bedürftige

Du brauchst:

- Bastelvorlage
- Filz (DIN A4)
- Kreide
- Schere
- Bastelkleber
- Watte

So geht es:

1. Schneide die Bastelvorlage aus.
2. Knicke den Filz in der Mitte.
3. Lege die Bastelvorlage darauf. Fahre die Umrisse mit Kreide nach.
4. Schneide das Herz aus. Du erhältst 2 Filzstücke.
5. Klebe die Filzstücke an einer Seite am Rand zusammen.
6. Fülle das Herz mit Watte aus.
7. Klebe den Rest zusammen.

Saum: Die vierte Säule des Islam

Verlauf	Sozialform	Material
Die Einheit kann, je nach Zusammensetzung der Lerngruppe, u. U. etwas mehr als eine Schulstunde in Anspruch nehmen. Falls nur eine Schulstunde genutzt werden soll, kann z. B. das Basteln der Drehscheibe (s. „Arbeitsphase“) entfallen oder der Einstieg statt in Gruppenarbeit gemeinsam im Plenum erfolgen.		
Einstieg → Erzählen Sie den Kindern, dass Sie sich heute mit der vierten Säule des Islam beschäftigen wollen, der sogenannten Fastenzeit. Klären Sie ggf. vorab den Begriff „Fasten“. → Teilen Sie die Kinder in 3er- oder 4er-Gruppen ein. Während die Gruppen am Gruppentisch Platz nehmen, notieren Sie die folgende Frage gut lesbar an der Tafel: **Wie stellst du dir die Fastenzeit im Islam vor?** → Über diese Frage tauschen sich die Gruppen nun in Form eines Schreibgesprächs aus. Dazu erhält jede Gruppe ein Blatt Papier. Um die Antworten besser auseinanderhalten zu können, nutzt jeder Schüler eine andere Farbe. Die Kinder notieren im Uhrzeigersinn ihre Antworten. Dabei dürfen sie sowohl neue Aspekte aufzeigen, als auch auf das zuvor Geschriebene eingehen. Ist die Gruppe fertig, tauscht sie ihr Blatt mit einer anderen Gruppe aus und notiert auch hierauf ihre Antworten.	Gruppenarbeit	**Für jede Gruppe:** ▸ 1 Blatt Papier ▸ 1 Stift pro Gruppenmitglied in jeweils unterschiedlichen Farben
Arbeitsphase → Überleitung: **Ihr habt euch gerade darüber ausgetauscht, wie ihr euch die Fastenzeit im Islam vorstellt. Nun wollen wir einmal gemeinsam schauen, was es damit auf sich hat.** → Teilen Sie jedem Kind das Arbeitsblatt, die Bastelanleitung und -vorlage sowie die benötigten Bastelutensilien aus. Zunächst lesen die Schüler einen kurzen Text und beantworten zwei Verständnisfragen, bevor sie sich anschließend näher mit dem Thema „Dankbarkeit“ auseinandersetzen und eine Drehscheibe basteln.	Einzelarbeit	**Für jedes Kind:** ▸ Arbeitsblatt „Muslime fasten im Ramadan“ (S. 41) ▸ Bastelanleitung „Wofür ich dankbar bin“ (S. 42) ▸ Bastelvorlage „Wofür ich dankbar bin“ (S. 43) ▸ Materialien siehe Bastelanleitung
Erweiterung → Schnelle Schüler können zusätzlich ihr Wissen über die christliche Fastenzeit schriftlich festhalten.	Einzelarbeit	▸ Blatt Papier
Abschluss → Den Abschluss bildet der Vergleich der Arbeitsergebnisse. Geben Sie an dieser Stelle den Schülern auch die Möglichkeit, ihre Drehscheibe im Plenum zu präsentieren, sofern sie das möchten.	Plenum	

Muslime fasten im Ramadan

© Dorothee Wolters

Die vierte Säule im Islam wird „Saum“ genannt. Damit ist die Fastenzeit gemeint. Der Islam hat einen eigenen Kalender. Jedes Jahr im neunten Monat ist der heilige Monat. Er wird „Ramadan“ genannt. Während dieser Zeit fasten die erwachsenen Muslime. Kinder, Kranke, alte Menschen und schwangere Frauen müssen nicht fasten. Alle anderen Erwachsenen fasten während des Ramadan jeden Tag. Vom Sonnenaufgang bis zum Sonnenuntergang verzichten sie auf Essen und Trinken. Erst nach dem Sonnenuntergang nehmen sie wieder etwas zu sich. Meist laden die Familien dazu auch Freunde, Bekannte und Menschen ein, die nicht so viel Geld haben. Gemeinsam sitzen alle zusammen und genießen die Speisen. Vielleicht fragst du dich, warum gläubige Muslime sich an die strengen Fastenregeln halten. Muslime glauben, dass ihr Prophet Muhammad während des Ramadan zum ersten Mal die Botschaften Allahs gehört hat. Mit dem Fasten wollen sie Allah besonders nahe kommen. Außerdem glauben die Muslime, dass sie damit ihre Dankbarkeit zeigen können. Wenn sie den ganzen Tag über auf Essen und Trinken verzichten, wächst ihre Dankbarkeit für Nahrung und Getränke.

1. Warum fasten Muslime im Ramadan?

....

....

....

....

....

2. Wer nimmt an der Fastenzeit im Islam teil?

....

....

....

....

....

© Verlag an der Ruhr | Autorin: Aline Kurt | ISBN 978-3-8346-4007-9 | www.verlagruhr.de

Wofür ich dankbar bin

Muslime wollen durch die vierte Pflicht auch ihre Dankbarkeit zeigen.
Wofür bist du dankbar? Gestalte eine Dankbarkeits-Drehscheibe.

Du brauchst:
- Vorlage „Wofür ich dankbar bin“
- Pappe
- Kleber
- Schere
- Buntstifte
- Musterklammer

So geht es:
1. Wofür bist du dankbar? Schreibe und male in jedes Feld.
2. Klebe die Vorlage auf Pappe. Schneide beide Teile aus.
3. Stich ein Loch in die Mitte beider Scheiben.
4. Lege die äußere Drehscheibe auf die innere.
5. Befestige beide Scheiben mit einer Musterklammer.

Wofür ich dankbar bin

Muslime wollen durch die vierte Pflicht auch ihre Dankbarkeit zeigen.
Wofür bist du dankbar? Gestalte eine Dankbarkeits-Drehscheibe.

Du brauchst:
- Vorlage „Wofür ich dankbar bin“
- Pappe
- Kleber
- Schere
- Buntstifte
- Musterklammer

So geht es:
1. Wofür bist du dankbar? Schreibe und male in jedes Feld.
2. Klebe die Vorlage auf Pappe. Schneide beide Teile aus.
3. Stich ein Loch in die Mitte beider Scheiben.
4. Lege die äußere Drehscheibe auf die innere.
5. Befestige beide Scheiben mit einer Musterklammer.

Wofür ich dankbar bin

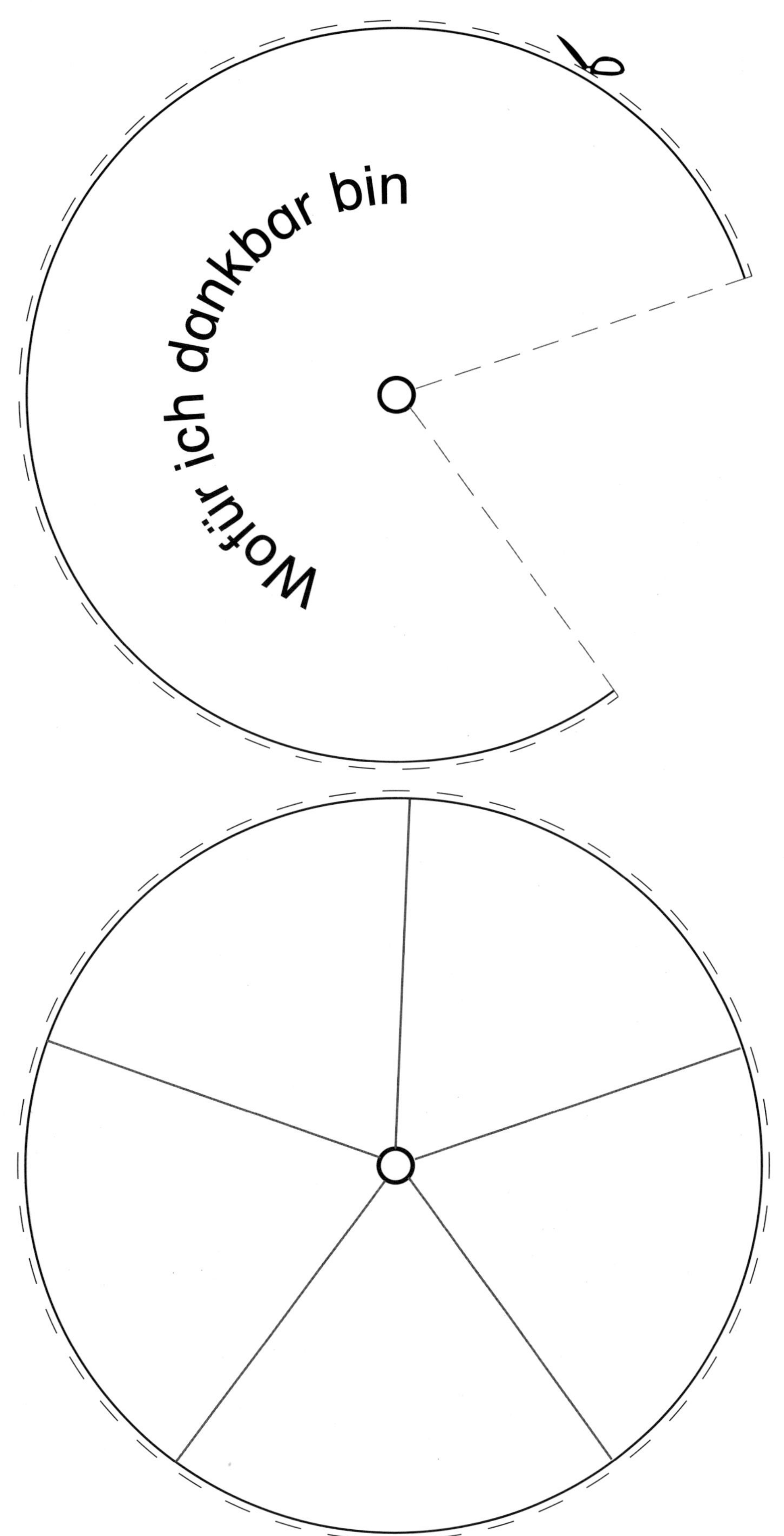

Haddsch: Die fünfte Säule des Islam

Verlauf	Sozialform	Material
Einstieg → Zeichnen Sie fünf Säulen an die Tafel. → Einleitung: **In den letzten Stunden haben wir uns mit den Säulen des Islams beschäftigt. Ihr erinnert euch ja bestimmt noch daran, dass es im Islam fünf verschiedene Pflichten gibt, an die sich jeder gläubige Muslim halten muss. Vier dieser Pflichten haben wir bereits kennengelernt. Wisst ihr noch, wie sie hießen und worum es dabei ging?** → Schreiben Sie nun die Namen der ersten vier Pflichten jeweils in eine Säule (Schahada, Salat, Zakat, Saum).	Plenum	▸ Tafel ▸ Kreide
Arbeitsphase → Überleitung: **Heute wollen wir uns mit der fünften Säule beschäftigten und herausfinden, welche Pflicht sich dahinter verbirgt.** → Verteilen Sie die Kopien (Lesetext und Arbeitsblatt) an die Schüler. Zunächst liest jedes Kind den Informationstext und führt anschließend die Aufgaben auf dem Arbeitsblatt aus.	Einzelarbeit	**Für jedes Kind:** ▸ Lesetext „Haddsch: Die fünfte Säule des Islam" (S. 45) ▸ Arbeitsblatt „Haddsch: Die fünfte Säule des Islam" (S. 46) ▸ Schere ▸ Kleber ▸ Heft oder Blatt Papier
Erweiterung → Schnelle Schüler können über den Kerngedanken der Pilgergewänder weiter nachdenken. Erinnern Sie die Kinder daran, dass diese Gewänder die Gleichheit aller Menschen vor Allah symbolisieren. Auch nach christlicher Auffassung sind vor Gott alle Menschen gleich – unabhängig ihrer Herkunft, ihrer finanziellen Mittel usw. Bitten Sie die Schüler, schriftlich zu skizzieren, wie die Welt aussähe, wenn wir alle diesen Kerngedanken beherzigen würden, sich demnach keiner mehr über andere Menschen stellen würde.	Einzelarbeit	▸ Blatt Papier
Abschluss → Ergänzen Sie zunächst gemeinsam das Tafelbild, indem Sie die fünfte Säule mit dem Namen „Haddsch" ausfüllen. → Vergleichen Sie abschließend die Arbeitsergebnisse mit den Kindern. Geben Sie auch den schnelleren Schülern Gelegenheit, ihre Überlegungen vorzustellen.	Plenum	

Haddsch: Die fünfte Säule des Islam (1/2)

Die fünfte Säule des Islam ist die Pilgerfahrt nach Mekka. Sie wird „Haddsch" genannt. Jeder gläubige Muslim muss mindestens einmal in seinem Leben daran teilnehmen. Mekka ist die heilige Stadt für die Muslime. Dort wurde ihrem Glauben nach der Prophet Muhammad geboren. Muslime glauben, dass er hier die Worte Allahs durch den Engel Dschibril gehört hat. Daraus ist dann die heilige Schrift (der Koran) entstanden. Deshalb spielt Mekka für den Islam eine so große Rolle.

© Dorothee Wolters

Die Pilgerfahrt findet jedes Jahr zu einer festen Zeit statt. Die Haddsch dauert mindestens 5 Tage. Wenn die Gläubigen in Mekka ankommen, müssen sie sich zuerst nach den Gebetsvorschriften waschen. Anschließend ziehen alle ein weißes Pilgergewand an. Damit zeigen die Muslime, dass vor Allah alle gleich sind. Danach gibt es verschiedene Rituale, die jeder durchführt. Das sind einige davon:

In ihren Pilgergewändern gehen die Gläubigen zur Kaaba. Die Kaaba sieht aus wie ein Würfel: Es ist ein großer, fensterloser Raum, der sich mitten in der größten Moschee der Stadt befindet. Die Muslime glauben, dass die Kaaba schon vor über 4000 Jahren gebaut wurde. Sie ist für Muslime das größte Heiligtum. Sie glauben, dass sie dort Allahs Gegenwart besonders spüren können.
Die Kaaba selbst ist mit einem großen Tuch abgedeckt. Neben dem Eingang befindet sich der schwarze Stein. Er ist eingemauert. Ihn sollen die Muslime berühren und anschließend die Kaaba 7-mal umrunden. Danach gehen sie durch einen Gang zu den beiden Hügeln Safa und Marwa. Zwischen diesen Hügeln wandern die Pilger 7-mal hin und her und trinken aus der Zam-Zam-Quelle.
Diese Hügel und die Quelle haben eine große Bedeutung im Islam. Vor langer Zeit lebte ein Mann namens Ibrahim. Du kennst ihn unter dem Namen Abraham. Er schickte seine zweite Frau Hagar mit ihrem Sohn Ismail (Ismael) fort. Es dauerte nicht lange, bis den beiden das Wasser ausging. Sie hatten nichts mehr zu trinken. Hagar lief zwischen den beiden Hügeln Safa und Marwa herum und suchte nach Wasser. Dabei bat sie Allah um Hilfe. Kurze Zeit später scharrte Ismail vor lauter Durst ungeduldig mit den Füßen im Sand. Dabei entdeckten sie die Zam-Zam-Quelle. Sie konnten trinken und waren mit Allahs Hilfe gerettet.

Haddsch: Die fünfte Säule des Islam (2/2)

1. **Warum ist Mekka der heilige Ort im Islam? Schreibe in dein Heft.**
2. **Warum tragen Muslime während der Haddsch ein weißes Gewand? Schreibe in dein Heft.**
3. **Wie läuft die Haddsch ab? Schneide die Bilder aus. Klebe sie in der richtigen Reihenfolge untereinander in dein Heft. Schreibe neben jedes Bild, was dort geschieht.**

© Dorothee Wolters

Muslimische Essensvorschriften

Verlauf	Sozialform	Material
Einstieg → Entsenden Sie die Schüler mit einem Blatt Papier, einer Schreibunterlage und einem Stift ins Klassenzimmer. Dort interviewen sich die Schüler gegenseitig über ihr Lieblingsessen. Für das Interview sucht sich jeder zunächst einen Partner, den er nach seinen Essgewohnheiten sowie Vorlieben und Abneigungen befragt. Sobald beide Partner die jeweiligen Antworten notiert haben, schwirren die Reporter wieder aus und suchen sich den nächsten Partner. Achten Sie darauf, dass jedes Kind mindestens zwei bis drei Interviews führen konnte.	Partnerarbeit	▸ Blatt Papier ▸ Schreibunterlage ▸ Stift
Arbeitsphase → Bitten Sie die Schüler, ihre Plätze wieder einzunehmen. Verteilen Sie währenddessen die Arbeitsblattkopien. Zunächst lesen die Kinder den kurzen Text und führen anschließend die Arbeitsaufträge durch. → Vergleichen Sie anschließend die Arbeitsergebnisse im Plenum.	Einzelarbeit	**Für jedes Kind:** ▸ Arbeitsblatt „Halal und haram" (S. 48) ▸ Heft oder Blatt Papier
Erweiterung → Schnelle Schüler können einen Büfettvorschlag für ein Fest erarbeiten, an dem auch muslimische Kinder teilnehmen. Dabei geht es weniger darum, ein perfektes Menü auszuarbeiten, als um die Tatsache, dass die Schüler an dieser Stelle die muslimischen Essensvorschriften bedenken müssen.	Einzelarbeit/ Partnerarbeit	▸ Blatt Papier
Abschluss → **Wir haben heute erfahren, dass einige Lebensmittel im Islam als unrein gelten. Schaut euch doch noch mal eure Interviews an, die ihr zu Beginn der Stunde geführt habt. Welche dieser Lebensmittel dürfen Muslime nicht essen?** → **Kennt ihr Alternativen, also Dinge, die stattdessen gegessen werden können?**	Plenum	

Halal und haram

Im Islam gibt es einige Vorschriften. Eine dieser Vorschriften ist die Speisevorschrift. Sie gibt es schon, seit Muhammad zu Allahs Prophet wurde. Die Speisevorschrift besagt, dass Muslime bestimmte Nahrungsmittel nicht essen sollen. Diese Lebensmittel nennen sie „haram“. Dazu zählen Schweinefleisch, das Fleisch von Raubtieren und Alkohol.
Alle anderen Lebensmittel sind rein („halal“) und können von Muslimen gegessen werden.

1. Was bedeutet „haram“? Erkläre in eigenen Worten. Schreibe in dein Heft.

2. Muslime sollen kein Fleisch von Raubtieren essen. Was sind Raubtiere? Schreibe in dein Heft.

3. Welche Lebensmittel sind „haram“? Streiche sie durch.

alle Illustrationen: © Norbert Höveler

Id al-Fitr: Das Fest des Fastenbrechens (1/2)

Verlauf	Sozialform	Material
Einstieg → Teilen Sie die Klasse in Kleingruppen ein. Jede Gruppe sollte dabei maximal aus fünf Kindern bestehen. → Sobald die Gruppen an Gruppentischen Platz genommen haben, erhalten sie von Ihnen jeweils eine Kopie der Bildvorlage und ein Blatt Papier, um eine Bildbefragung durchzuführen. Sofern die Kinder mit dieser Methode nicht vertraut sein sollten, klären Sie vorab die Modalitäten: **Schaut euch das Bild zunächst einmal an. Versucht dabei, einmal ganz still zu sein, damit jeder das Bild in Ruhe betrachten kann. Wenn ich euch ein Zeichen gebe, könnt ihr euch mit euren Gruppenmitgliedern darüber austauschen. Ihr wählt dann einen Schriftführer aus, der alle wichtigen Dinge aus eurem Gespräch mitschreibt. Nun darf jeder aus der Gruppe kurz sagen, was ihm an dem Bild auffällt, was er dort sieht oder was ihm gefällt. Anschließend überlegt ihr euch gemeinsam Fragen, die ihr dem Bild gerne stellen möchtet. Dabei dürft ihr alles nennen, was euch einfällt.** → Geben Sie jeder Gruppe die Möglichkeit, den anderen Gruppen ihren Fragenkatalog zu präsentieren.	Gruppenarbeit	**Für jede Gruppe:** ▸ Bildvorlage „Muslime feiern Id al-fitr" (S. 51) ▸ Blatt Papier ▸ Stift
Arbeitsphase → Überleitung: **Ihr habt eine Menge Fragen gefunden, die ihr dem Bild gerne stellen möchtet. Jetzt wollen wir einmal gemeinsam schauen, ob wir diese Fragen beantworten können.** **Auf dem Bild seht ihr, wie eine muslimische Familie Id al-Fitr feiert. Dies ist ein besonderes Fest im Islam. Es wird auch „Fest des Fastenbrechens" genannt. Mit diesem Fest feiern gläubige Muslime das Ende des Ramadan.** **Ihr erinnert euch bestimmt daran, dass Ramadan der Fastenmonat im Islam ist. Id al-Fitr wird am ersten Tag des zehnten. Monats gefeiert. Dieser Tag ist jedes Jahr an einem anderen Datum, da sich der islamische Kalender am Mond orientiert.** **Das Fest dauert drei Tage und beginnt immer mit einem gemeinsamen Gebet in der Moschee. Wie ihr auf dem Bild gesehen habt, ist Id al-Fitr ein sehr ausgelassenes Fest, an dem es tolle Dinge zu essen gibt und die Kinder sogar Süßigkeiten und kleine Geschenke bekommen. Die Menschen schicken sich Grußkarten und spenden für die ärmeren Menschen. Ein ganz besonders wichtiger Gedanke an Id al-Fitr ist die Versöhnung. Muslime sind aufgerufen, sich spätestens an Id al-Fitr wieder mit allen zu vertragen, mit denen sie Streit haben.**	Plenum	

Id al-Fitr: Das Fest des Fastenbrechens (2/2)

→ Nutzen Sie anschließend die folgenden Impulse für ein Gespräch mit den Schülern: • **Was feiern Muslime an Id al-Fitr?** • **Was gehört alles zum Fest dazu?** • **Was müssen Muslime an Id al-Fitr tun?** • **Was bedeutet „Versöhnung" für euch?** • **Was gehört alles dazu, wenn man sich mit jemandem verträgt? (Akzeptanz, Vergebung, nicht nachtragend sein etc.)**		
Abschluss → Verteilen Sie die Bastelvorlage und Bastelmaterialien an die Kinder. Bitten Sie die Schüler zunächst, ein Symbol zu finden, das für sie den Kerngedanken der Versöhnung besonders schön veranschaulicht. Dazu können Sie den Schülern auch ein Beispiel nennen (z. B. zwei Hände, die einander halten), damit deutlich wird, was an dieser Stelle gemeint ist. → Sobald jeder sein Symbol gefunden und in den unteren Kreis (gestrichelte Linie) auf der Vorlage gezeichnet hat, schneiden die Schüler das Buch und den Kreis auf der Vorderseite aus und falten die Vorlage zum Buch zusammen.	Einzelarbeit	**Für jedes Kind:** ▸ Bastelvorlage „Mein Buch der Versöhnung" (S. 52) ▸ Schere ▸ Buntstifte
Erweiterung → Sollten Sie noch Zeit übrighaben, können die Kinder in ihr Heft noch ihre Gedanken zum Thema „Versöhnung" aufzeichnen. Was bedeutet Versöhnung für mich? Wie schaffe ich es, mich mit jemandem zu versöhnen etc. Ansonsten kann dies als Hausaufgabe durchgeführt werden.	Einzelarbeit	▸ Heft oder Blatt Papier

Muslime feiern Id al-Fitr

© Dorothee Wolters

Mein Buch der Versöhnung

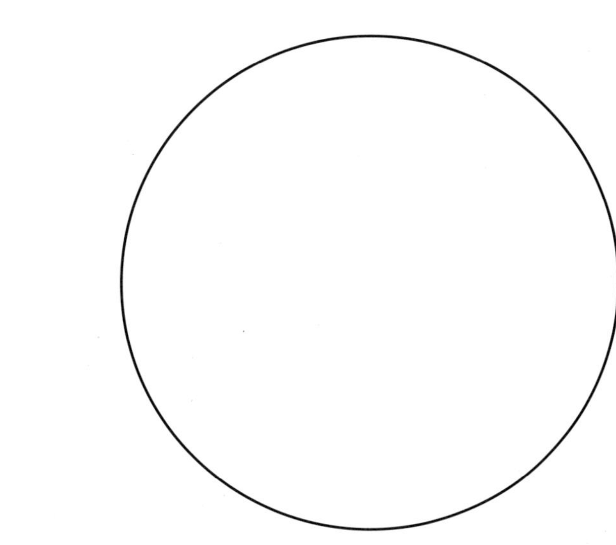

 Id al-Adha: Das Opferfest (1/2)

Verlauf	Sozialform	Material
Hinweis: Die Einheit kann, je nach Zusammensetzung der Lerngruppe, u. U. etwas mehr als eine Schulstunde in Anspruch nehmen. Falls nur eine Schulstunde genutzt werden soll, kann der Vergleich mit der Bibel entfallen bzw. nur mündlich durch gemeinsames Lesen und eine Besprechung im Plenum erfolgen.		
Einstieg → Bitten Sie die Schüler, einen Partner auszuwählen. Sitzen die Kinder bereits paarweise zusammen, können Sie diese Einteilung selbstverständlich beibehalten. Bei ungerader Schüleranzahl bilden Sie eine 3er-Gruppe. → Sobald die Paare feststehen, erhält jedes 2er-Team eine Schnittkreisvorlage. Diese nutzen die Kinder, um über das Thema „Opfer“ nachzudenken: Jeder Schüler notiert dabei in das vor ihm liegende Feld alles, was ihm zum Thema „Opfer“ einfällt. Dabei ist es wichtig, dass zunächst jeder für sich arbeitet, ohne sich mit dem Partner abzusprechen oder seine Notizen zu lesen. → Sind die Partner fertig, vergleichen sie ihre Ergebnisse und tragen alle Übereinstimmungen in das freie Feld in der Mitte ein. → Geben Sie anschließend allen Paaren die Gelegenheit, ihre Ergebnisse im Plenum vorzustellen.	Partnerarbeit	**Für jede 2er-Gruppe:** ▸ Schnittkreis-Vorlage „Was bedeutet es, etwas zu opfern?“ (S. 55)
Arbeitsphase → Überleitung: **Wir haben uns gerade mit dem Thema „Opfer“ beschäftigt, weil das Opferfest, das auch „Id al-Adha“ genannt wird, als wichtigstes Fest im Islam gilt. Es ist der höchste Feiertag für Muslime. Es wird im 12. Monat des islamischen Kalenders gefeiert. Hier schlachten die Muslime ein Tier und opfern es Allah. Dabei behalten sie einen Teil des Fleisches, verschenken einen an Freunde und Familie und einen Teil spenden Muslime an Arme.** **Da es in Deutschland verboten ist, ein Tier zu Hause zu schlachten, kaufen die deutschen Muslime das Fleisch für dieses Fest. Nun wollen wir uns einmal anschauen, was genau die Muslime da an Id al-Adha eigentlich feiern.** → Kommen Sie mit den Kindern im Sitzkreis zusammen. Nutzen Sie hier die Methode des Bibliologs, den Sie an dieser Stelle auf eine Koranstelle anwenden, die wir in ähnlicher Form aus der Bibel kennen. Lesen Sie den Kindern dazu den folgenden Text vor. Nutzen Sie die Impulse unter jedem Abschnitt, um die Kinder hautnah in den Text zu integrieren. Geben Sie dabei möglichst vielen Kindern die Gelegenheit, nacheinander mental in die jeweilige Rolle zu schlüpfen und aus dieser Sichtweise heraus zu antworten.	Plenum	

8 Id al-Adha: Das Opferfest (2/2)

Ibrahim und das Opfer **Vor langer Zeit lebte ein Mann namens Ibrahim. Allah schickte ihn auf einen Berg, wo Ibrahim ihm seinen Sohn Ismail opfern sollte.** • **Stell dir vor, du bist Ibrahim. Was denkst du, als Allah dich bittet, deinen Sohn für ihn zu opfern?** • **Stell dir vor, du bist Ismail. Du weißt, dass dein Vater dich opfern möchte. Was denkst du darüber?** **Ibrahim hörte auf Allah. Er zog mit Ismail los und ging auf den Berg. Als sie dort angekommen waren, betete er zu Allah und war bereit, seinen Sohn für ihn zu töten.** • **Du bist Ibrahim. Wie geht es dir nun?** • **Welche Gedanken hast du?** **Doch bevor es so weit kommen konnte, stoppte Allah ihn. Er wollte nicht, dass Ibrahim Ismail tötete.** **Er wollte die beiden nur testen. Durch ihre Opferbereitschaft für Allah hatten sie die Prüfung bestanden.** • **Du bist Ibrahim. Wie fühlst du dich, als Allah dir sagt, dass du deinen Sohn nicht opfern sollst?** • **Stell dir vor, du bist Ismail. Wie geht es dir jetzt?** → Lassen Sie zum Schluss die Kinder aufstehen und im Klassenraum umherwandern. Dabei klopft sich jeder sachte mit den Handflächen den Köper ab. Dies ist wichtig, damit jeder seine Rolle auch wirklich wieder verlässt.		
Abschluss → Paarweise nehmen die Kinder nun an den Tischen Platz. Händigen Sie jedem Team eine Bibel aus, mit der Bitte, die Geschichte in der Bibel nachzulesen unter Gen 22, 1-19. → Vergleichen Sie abschließend gemeinsam die muslimische und christliche Version der Geschichte. Welche Gemeinsamkeiten/ Unterschiede gibt es?	Partnerarbeit	**Für jedes 2er-Team:** ▸ 1 Bibel
Erweiterung → Schnelle Teams können die Gemeinsamkeiten und Unterschiede schon schriftlich fixieren.	Partnerarbeit	**Für jedes 2er-Team:** ▸ 1 Blatt Papier

Was bedeutet es, etwas zu opfern?

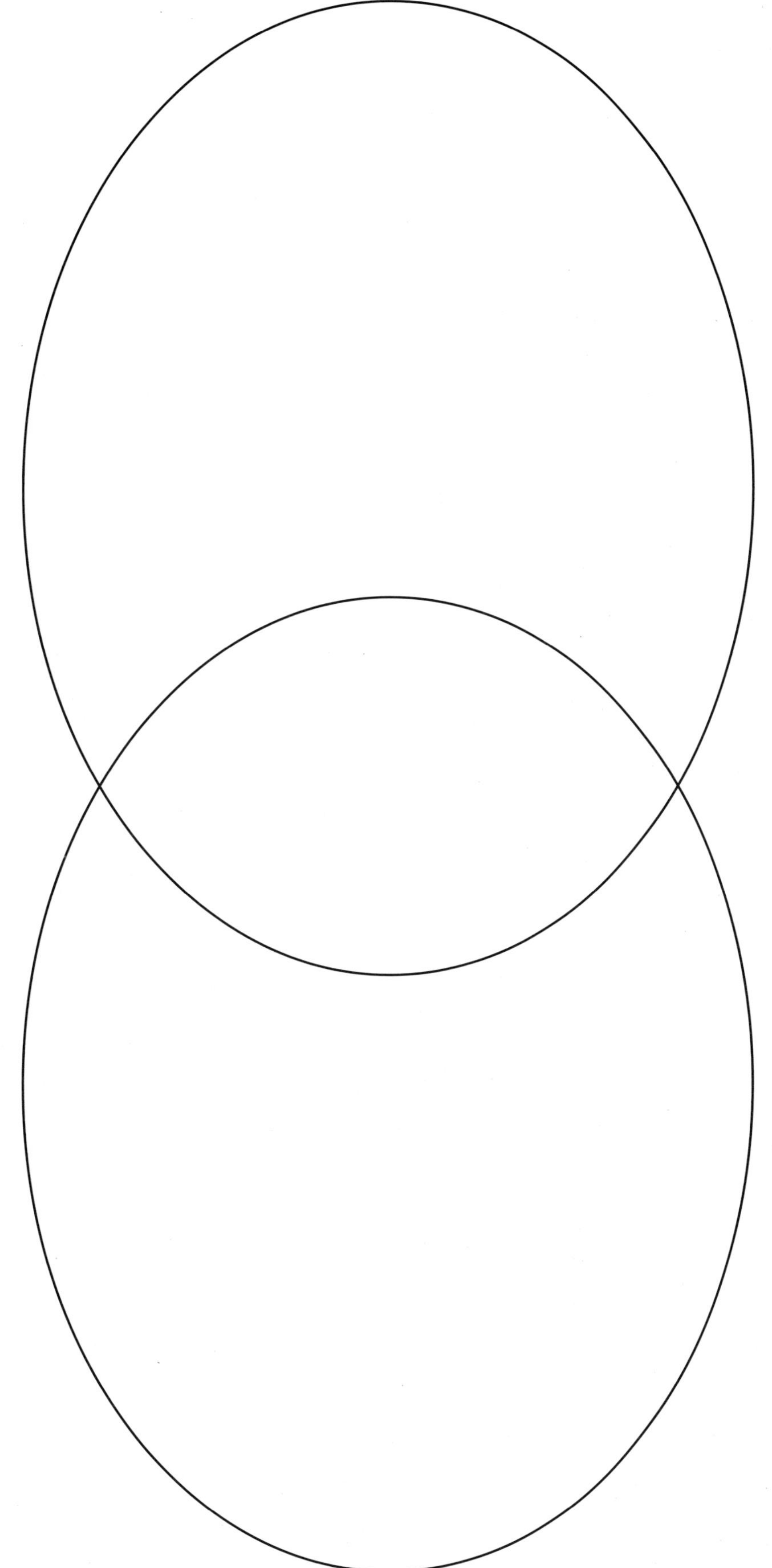

Glaubensgeschichten

1 Der Gebetsrufer Bilal

Verlauf	Sozialform	Material
Einstieg → Bilden Sie mit den Kindern einen Sitzkreis. Während die Schüler Platz nehmen, schreiben Sie auf jeden der drei Notizzettel einen der Buchstaben M, U und T. Mischen Sie die Zettel anschließend, sodass das Wort „Mut" nicht auf den ersten Blick erkennbar ist. → Legen Sie die Zettel in die Mitte und setzen Sie das Wort „Mut" gemeinsam mit den Kindern zusammen. → Sobald die Kinder die Buchstaben in die richtige Reihenfolge gelegt und das Wort identifiziert haben, können Sie die folgenden Fragen für ein Gespräch nutzen: • **Was bedeutet Mut? Wie fühlt sich Mut an?** • **Wann wart ihr schon mal besonders mutig?** • **Wie war das für euch?**	Plenum	▸ 3 Notizzettel ▸ Stift
Arbeitsphase → Überleitung: **Ich habe euch eine Geschichte von einem Mann mitgebracht, der nach muslimischem Glauben ganz besonders mutig war. Lasst uns einmal gemeinsam herausfinden, was damals geschehen ist.** → Verweilen Sie mit den Kindern weiter im Sitzkreis. Händigen Sie ihnen die Lesetextkopien aus und lesen Sie den Inhalt laut vor. Wer mag, darf leise mitlesen. → Nutzen Sie die folgenden Fragen zur Überprüfung des Textverständnisses: • **Warum ging Bilal regelmäßig zum Gebetsplatz?** • **Was erfuhr Bilal auf dem Gebetsplatz?** • **Wie reagierte Umaiya, als er erfuhr, dass Bilal an Allah glaubte?** • **Wie wurde Bilal gerettet?** • **Was ist ein Gebetsrufer?**	Plenum	**Für jedes Kind:** ▸ Lesetext „Bilal wird zum Gebetsrufer" (S. 58)
Abschluss → Sobald die Kinder ihre Plätze wieder eingenommen haben, erhalten sie das Arbeitsblatt und die benötigten Materialien. Die Schüler kleben die Bilder in der richtigen Reihenfolge auf und schreiben die Geschichte in eigenen Worten in ihr Religionsheft oder auf ein Blatt Papier. → Vergleichen Sie die Ergebnisse zum Abschluss.	Einzelarbeit	**Für jedes Kind:** ▸ Arbeitsblatt „Bilal wird zum Gebetsrufer" (S. 59) ▸ Heft oder Blatt Papier ▸ Schere ▸ Kleber
Erweiterung → Schnelle Schüler können schriftlich festhalten, warum auch Abu Bakr ein mutiger Mann war.	Einzelarbeit	▸ Heft oder Blatt Papier

Bilal wird zum Gebetsrufer (1/2)

Nachdem Muhammad durch den Engel Dschibril so viel von Allah erfahren hatte, erzählte er immer mehr Menschen von seinem Wissen. Zu dieser Zeit beteten die Menschen in Mekka viele verschiedene Götter an. Dafür gingen sie zum Gebetsplatz. Deshalb wählte Muhammad diesen Ort aus, um den Menschen viel über Allah zu erzählen.

Auch ein Mann namens Umaiya ging regelmäßig dorthin. Auf dem Gebetsplatz dankte er seinen Lieblingsgöttern. Da Umaiya ein sehr, sehr reicher Geschäftsmann war, hatte er auch einen Sklaven. Sein Name war Bilal. Bilal musste seinen Herrn zum Gebetsplatz tragen. Das war gar nicht so einfach, denn Umaiya war ein sehr schwerer Mann. Während Umaiya auf dem Gebetslatz war, musste Bilal im Hof warten. Eines Tages traf er dort den Propheten Muhammad. Bilal war begeistert von dem, was Muhammad über Allah erzählte. Von diesem Tag an brachte Bilal seinen Herrn gerne zum Gebetsplatz. Hier konnte er Muhammad zuhören.

Nach einiger Zeit erzählte Bilal auch den anderen Sklaven, was er von Muhammad gelernt hatte. Das fand Umaiya gar nicht gut. Er ließ Bilal sogar zur Strafe auspeitschen. Doch Bilal ließ sich nicht beirren. Der mutige Sklave erzählte weiterhin, was er über Allah wusste. Der Ungehorsam machte Umaiya noch wütender. Er ließ Bilal in die Wüste legen. Dort in der großen Hitze musste Bilal ohne Wasser ausharren. Nach einigen Stunden ging Umaiya zu ihm. Er sagte: „Nun los, gib endlich zu, dass meine Götter die wahren Götter sind und nicht dieser Allah." Doch Bilal weigerte sich. Er antwortete: „Allah ist groß. Es gibt keinen Gott außer Allah."

Das machte Umaiya so wütend, dass er seinen Sklaven in der Wüste sterben lassen wollte. Ein anderer reicher Mann erfuhr davon. Sein Name war Abu Bakr. Er glaubte auch an Allah und hatte Mitleid mit Bilal. Deshalb ging er zu Umaiya. Abu Bakr schlug ihm einen Tauschhandel vor. Er sagte: „Gib mir Bilal und du bekommst von mir einen anderen Sklaven." Umaiya war einverstanden. Und so kam der Sklave Bilal zu Abu Bakr. Er pflegte den Sklaven. Als Bilal sich erholt hatte, ließ Abu Bakr ihn frei. Bilal war nun kein Sklave mehr.

Kurze Zeit später bauten Muhammads Anhänger in einer Stadt namens Medina eine Moschee. Dort wurde Bilal zum Gebetsrufer ernannt, weil er so eine schöne Stimme hatte. Jedes Mal, wenn Bilal die Menschen ans Gebet erinnerte, rief er laut: „Allah ist groß."

© Dorothee Wolters

Bilal wird zum Gebetsrufer (2/2)

1. Hast du die Geschichte über Bilal gut gelesen?
Prima, dann schneide nun die Bilder aus.
Klebe sie in der richtigen Reihenfolge untereinander in dein Heft.
Schreibe neben jedes Bild, was dort passiert.

2. Warum war Bilal ein mutiger Mann? Erkläre mit eigenen Worten.

....

....

....

© Verlag an der Ruhr | Autorin: Aline Kurt | ISBN 978-3-8346-4007-9 | www.verlagruhr.de

 Muhammad lehrt bedingungslose Liebe (1/2)

Verlauf	Sozialform	Material
Einstieg → Kommen Sie mit den Kindern im Stuhlkreis zusammen. Lesen Sie ihnen hier die Geschichte von Muhammad und dem unfreundlichen Mann vor.	Plenum	▸ Arbeitsblatt „Muhammad und der unfreundliche Mann“ (S. 62)
Arbeitsphase → Stellen Sie einen Stuhl in die Kreismitte. Wählen Sie einen Freiwilligen aus, der nun mental in die Rolle des unfreundlichen Mannes schlüpft und auf diesem „heißen Stuhl“ Platz nimmt. Die übrigen Schüler dürfen dem unfreundlichen Mann nun Fragen stellen. Um die Methode für die Kinder zu verdeutlichen, können Sie auch die erste Frage stellen, wie beispielsweise: „Was wolltest du von Muhammad haben?“ Um möglichst vielen Kindern die Gelegenheit zu geben, auf dem heißen Stuhl Platz zu nehmen, sollten Sie Ihren unfreundlichen Mann zwischendurch wechseln. Machen Sie den Kindern hier deutlich, dass es bei dieser Methode keine falschen Antworten geben kann. → Sobald alle Schüler ihre Fragen gestellt haben, wird der heiße Stuhl mit Omar, Muhammads Freund, besetzt. Auch hier dürfen wieder nacheinander möglichst viele Kinder mental in diese Rolle schlüpfen.	Plenum	▸ zusätzlicher Stuhl
Arbeitsphase → Stellen Sie gemeinsam mit den Kindern die alte Sitzordnung wieder her. Sobald jeder an seinem Platz sitzt, erhalten die Kinder das Arbeitsblatt. Hier können sie den Text noch einmal nachlesen und die Aufgaben bearbeiten.	Einzelarbeit	**Für jedes Kind:** ▸ Arbeitsblatt „Muhammad und der unfreundliche Mann“ (S. 62) ▸ Heft oder Blatt Papier
Erweiterung → Wer bereits fertig ist, erhält ein Blatt Papier. Dieses nutzen schnelle Schüler, um ein Rondell zum Thema „bedingungslose Liebe“ zu verfassen. Erzählen Sie den Kindern dazu: **In der Geschichte haben wir gehört, wie wichtig es ist, jeden so zu lieben, wie er ist. Das nennt man „bedingungslose Liebe“. Sie spielt nicht nur im Islam eine große Rolle, sondern ist in jeder anderen Religion genauso wichtig. Deshalb wollen wir nun ein Rondell dazu schreiben. Das ist ein besonderes Gedicht, das aus acht Zeilen besteht. Dabei sind die erste, die vierte und die siebte Zeile gleich. Auch die zweite und die achte Zeile sind identisch.**	Einzelarbeit	▸ Blatt Papier

② Muhammad lehrt bedingungslose Liebe (2/2)

→ Bevor die Kinder nun ihr eigenes Rondell verfassen, können Sie die Struktur nochmals an die Tafel malen und den Ablauf anhand eines Beispiels verdeutlichen: Bedingungslose Liebe 1) Gott liebt mich so, wie ich bin. 2) Ich liebe jeden so, wie er ist. 3) Denn jeder ist vollkommen. 4) Gott liebt mich so, wie ich bin. 5) Seine Liebe kennt keine Bedingungen. 6) Egal was geschieht. Ich bin immer mehr als gut genug. 7) Gott liebt mich so, wie ich bin. 8) Ich liebe jeden so, wie er ist.		
Abschluss → Vergleichen Sie die Antworten der Schüler vom Arbeitsblatt vor Stundenende. → Achten Sie darauf, dass auch noch etwas Zeit übrig bleibt, in der die schnellen Schüler einige ihrer Gedichte vorlesen können.	Plenum	

Muhammad und der unfreundliche Mann

Gläubige Muslime kennen eine wichtige Legende, die davon handelt, andere so zu nehmen, wie sie sind. Die Geschichte geht so:

Eines Tages ging Muhammad mit seinen Freunden zum Gebetsplatz. Unterwegs kam ihnen ein obdachloser Mann entgegen. Er rannte auf Muhammad zu und rief: „Hey Muhammad, gib mir das, was mir zusteht. Lade es gefälligst auf meine Kamele.“
Als Muhammad nicht sofort reagierte, zog der Mann so kräftig am Gewand des Propheten, dass es kaputtging.
Muhammads Freunde waren empört. Wie konnte es dieser Mann nur wagen, so mit Muhammad zu sprechen?
Einer der Freunde namens Omar fragte Muhammad: „Dieser Mann war unhöflich und gemein zu dir. Soll ich ihn für diese Unverschämtheit bestrafen?“
Doch Muhammad schüttelte den Kopf. „Nein, Omar. Das wirst du nicht tun. Er ist ein Mensch wie du und ich. Gebt ihm das, was er haben will. “
Muhammads Freunde waren sehr verwundert, aber sie hörten auf Muhammad. Der Mann bekam das, was er haben wollte. Damit zeigte Muhammad seinen Freunden, wie wichtig es ist, andere so zu akzeptieren, wie sie sind. Manchmal sind Menschen gemein zu anderen. Dann sollte man selbst versuchen, ruhig und höflich zu bleiben.

1. Was wollte der unfreundliche Mann von Muhammad? Schreibe in dein Heft.

2. Wie reagierte Muhammad auf den Mann? Schreibe in dein Heft.

3. Was glaubst du, warum war Muhammad nicht wütend auf den Mann? Schreibe in dein Heft.

4. Muslime sagen: „Wenn dir jemand etwas Schlechtes tut, dann sei besonders lieb zu ihm.“ Wie denkst du darüber? Schreibe in dein Heft.

3 Saladin heilt seinen Feind

Verlauf	Sozialform	Material
Einstieg → Zeichnen Sie einen Blitz an die Tafel. Schreiben Sie hier das Wort „Feind" hinein. Sammeln Sie gemeinsam mit den Schülern Wörter, die Ihre Schüler mit Feindschaft in Verbindung bringen. Notieren Sie diese Wörter um den Blitz herum.	Plenum	▸ Tafel ▸ Kreide
Arbeitsphase → Verteilen Sie die Arbeitsblattkopien an die Kinder. Zunächst liest jeder den kurzen Text, bevor die Schüler anschließend die Fragen beantworten.	Einzelarbeit	▸ Arbeitsblatt „Saladin heilt seinen Feind" (S. 64) ▸ Heft oder Blatt Papier
Erweiterung → Schnelle Schüler dürfen als Helfer fungieren und ihre Mitschüler bei der Beantwortung der Fragen tatkräftig unterstützen. → Alternativ können Sie die Kinder nochmals auf die Heilkräuter hinweisen, die Saladin geschickt wurden. Heilkräuter haben in der muslimischen Tradition einen wichtigen Stellenwert. Schnelle Schüler können nun darüber nachdenken, wie sie selbst ihre Gesundheit unterstützen können (gesunde Ernährung, frische Luft, viel Bewegung etc.).	Einzelarbeit	
Abschluss → Vergleichen Sie zunächst die Arbeitsergebnisse im Plenum. → Kommen Sie abschließend gemeinsam im Sitzkreis zusammen. Zeigen Sie den Kindern die vergrößerte Bildvorlage und ergänzen Sie diese gemeinsam. Die Schüler dürfen hier einzeichnen, womit Saladin seinen Feind heilte.	Plenum	▸ Bildvorlage „Saladin heilt seinen Feind" (S. 65) auf DIN A 3 vergrößert ▸ Filzstifte

Saladin heilt seinen Feind

Vor langer Zeit lebte ein muslimischer Mann namens Saladin.
Er war ein sehr bekannter Herrscher. Gemeinsam mit seinen Soldaten wollte er Jerusalem von den Christen zurückerobern.
Die Soldaten mochten Saladin. Er war großzügig und gerecht, auch wenn er sehr streng sein konnte.
Saladin glaubte an Allah. Deshalb wollte er auch Jerusalem für die Muslime zurückgewinnen.
Saladin und seine Männer kämpften gegen Richard Löwenherz, der damals König von England war, und seine christlichen Soldaten.
Eines Tages wurde Richard Löwenherz krank. Er bekam hohes Fieber.
Saladin hörte davon. Er schickte einige Männer in das feindliche Lager. Sie sollten dem Kranken Medizin und gesundes Essen bringen.
Als Medizin benutze Saladin verschiedene Heilkräuter. Bald darauf wurde Richard Löwenherz wieder gesund.

1. **Was denkst du: Warum hat Saladin seinem Feind geholfen? Schreibe in dein Heft.**
2. **Was könnte Richard Löwenherz gedacht haben? Schreibe in die Gedankenblase.**

3. **Im Islam gilt es als wichtige Regel, sich um alle Menschen zu kümmern und für sie zu sorgen. Wie denkst du darüber? Schreibe in dein Heft.**
4. **Würdest du deinem Feind helfen? Schreibe in dein Heft.**

Saladin heilt seinen Feind

© Dorothee Wolters

Weitere Informationen und Blick ins Buch unter

www.verlagruhr.de

Keiner darf zurückbleiben

„Mir hat gut gefallen, dass ..."

88 Impulskarten für gezielte und begründete Reflexionen

Kl. 1–6 | 88 farbige Karten A4

Best.-Nr. 978-3-8346-2309-6

Mein Klassenraum – perfekt organisiert

160 Bildkarten, Regel- und Hinweisschilder

Kl. 1–4 | 72 farbige Karten A4 | teilweise zum Auseinanderschneiden

Best.-Nr. 978-3-8346-2434-5

Dickes Lob! 100 Belohnungskärtchen für Schüler

6–12 J. | 100 farbige Karten | 5,9 x 9,1 cm | in Klarsichtetui

Best.-Nr. 978-3-8346-3689-8

Was machen wir als Nächstes?

99 Tages- und Stundenplankarten

Kl. 1–4 | 98 farbige Karten | 12 x 12 cm

Best.-Nr. 978-3-8346-0939-7

Lapbooks im GS-Unterricht

Anleitungen zum Einsatz von Lapbooks sowie Blanko-Vorlagen

Kl. 1–4 | 128 S. | A4

Best.-Nr. 978-3-8346-3790-1

CD-ROM mit Blanko-Vorlagen

auch als PDF

70 Mini-Bücher zu Buchstaben und Zahlen

Kopiervorlagen zum Schneiden, Falten und Weitergestalten

Kl. 1–2 | 80 S. | A4 | Heft

Best.-Nr. 978-3-8346-3895-3

Was für ein Dilemma! Eine Kartei mit einfachen Lesetexten zum Diskutieren und Weiterspielen

Für Grundschulkinder

Kl. 1–2 | 72 farbige Karten A5

Best.-Nr. 978-3-8346-3906-6

auch als PDF

DaZ mit dem ganzen Körper

50 Bewegungsspiele zum Deutschlernen

Kl. 1–4 | 104 S. | 17 x 24 cm

Best.-Nr. 978-3-8346-3568-6

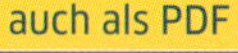

30 x Religion für 45 Minuten – Klasse 3/4

Neue, fertige Stunden zu allen Lehrplanbereichen – Band 2

Kl. 3–4 | 128 S. | A4

Best.-Nr. 978-3-8346-3778-9

30 x Kunst für 45 Minuten – Klasse 1/2

Neue kurze Projekte für schnelle Erfolge – Band 2

Kl. 1–2 | 112 S. | A4 | farbig

Best.-Nr. 978-3-8346-3893-9

Die kreative Lückenfüller-Kartei für den Kunstunterricht

Sinnvolle Beschäftigung für Grundschulkinder, die schon fertig sind

Kl. 1–4 | 32 farbige A5-Karten + 8 S. Begleitheft

Best.-Nr. 978-3-8346-3570-9

20 x klassische Musikstücke für 45 Minuten – Klasse 3/4

Ausgearbeitete Stunden zu Komponisten und ihren Werken

Kl. 3–4 | 96 S. | A4

Best.-Nr. 978-3-8346-3679-9

Audio-CD mit allen benötigten Musikstücken